지혜로운

사람은

어리석음을

꾸짖지 않는다

금강경

야부송

삼이三耳 원학圓學 스님

교학과 경전, 그림 등 두루 빼어난 원학 스님은 주변으로부터 정인군자正人君子란 말을 듣는다. 현재 삼국유사의 성지인 인각사 주지 소임을 맡고 있다. 2009년 총무원 총무부장으로 일할 때 스스로 호를 '삼이三耳'라 지었다. "귀 밝은 머슴이 되기 위해서는 귀가 세 개쯤 있어야 한다"는 의미에서다. 2014년 《향기로운 동다여 깨달음의 환희라네》를 출간하였고, 금강경 야부송 《지혜로운 사람은 어리석음을 꾸짖지 않는다》를 윤문 보완하여 이번에 개정출간을 하였다. 2015년 봉은사 주지 소임을 끝으로 시골 암자에서 다도회 모임을 주관하며 인각사 일연선사의 복원불사를 위해 동분서주하고 있다.

지혜로운 사람은
어리석음을 꾸짖지 않는다

초판1쇄 발행 2017년 8월 23일
초판2쇄 발행 2017년 9월 20일

지은이 | 원학
펴낸이 | 남배현

기획 | 모지희
책임편집 | 박석동
펴낸곳 | 모과나무
등록 2006년 12월 18일 (제300-2009-166호)
주소 | 서울시 종로구 종로19, A동 1501호
전화 | 02-725-7011
전송 | 02-732-7019
전자우편 | mogwabooks@hanmail.net

표지 디자인 | 동경작업실
본문 디자인 | 신현부

ISBN 979-11-87280-15-6 03220

도서의 국립중앙도서관 출판예정도서목록(CIP)은
서지정보유통지원시스템 홈페이지(http://seoji.nl.go.kr)와
국가자료공동목록시스템(http://www.nl.go.kr/kolisnet)에서
이용하실 수 있습니다.(CIP제어번호: CIP2017017812)

ⓒ 원학, 2017

모과나무 (주)법보신문사의 출판 브랜드입니다.
지혜의 향기로 마음과 마음을 잇습니다.

金剛經 冶父頌

지혜로운

사람은

어리석음을

꾸짖지

않는다

삼이 원학 스님 번역 해설

行船 盡在把梢人

배를 움직이는 것은
다 삿대를 잡는 사람에게
달렸다네

추천의 글

오색 방광이 찬란하구나

하나에 하나를 더 하여도 하나이고
하나에 하나를 빼더라도 하나이다

날로 흐려지는 하늘 기운을 볼 적마다
어디서 맑은 바람 불어오지 않을까 작은 소망 가졌다
삼복더위에 가사 장삼 수하고 찾아와 일찍 번역 출판했던
《금강경 야부 스님 게송》을 다시 손봐 개정 출판한다며
추천의 글을 써 달라기에 본래 나 자신의 깜냥으로는
이러면 안 되는 줄 알면서 마음 약해서 누를 끼치게 되었다
무명 업보로 이루어진 세상은 갈수록 인성 흐려가는데
그나마 이 세상에 밝은 빛 한 줄기가《금강경》이다
세상이 끝나더라도《금강경》한 권 만큼은
이 세상에 남겨 놓아야 한다고 누구는 말하지 않던가
《금강경》에 명안종사 야부 스님이 게송을 남겼으니
이것이야말로 인류 문화에 청복의 서광이다
어느 날《야부 스님 금강경》에 점 하나 찍었는데

그 점에서 오색 방광이 찬란하구나
'야부 스님의 게송'은 어려워 번역하기도 힘들지만
그 뜻을 다 헤아리기는 너무 힘겨웁다
그런데도 처음 번역한 것을 놓지 않고
다시 번역한 뜻이야말로
《금강경》을 진심으로 소중히 여기는
수행자의 바람직한 모습이리라
때로는 붓을 들어 산과 나무와 강과 하나가 되고
때로는 차 한 잔으로 마음을 들여다 보다가
때로는 경전을 강의하고
그러다 현실적 사판에도 게으르지 않은
식을 줄 모르는 원학 스님의 열정과 신심에 경의를 표한다
'야부 스님 금강경 게송'으로
날로 흐려지는 하늘 기운을 맑혀 보았으면 하는
순진한 바람을 가져 본다

'야부 스님 게송' 하나에 봄이 오고
'야부 스님 게송' 하나에 누리가 밝아지기를

석성우 | 조계종 원로의원·전계대화상

개정 출간에 즈음하여
지식너머 참지혜를 만나라

    오늘날 우리 사회는 다양한 틀 속에서 최첨단 과학의 디지털 시대를 살아가고 있다. 이러한 문명의 발전은 제4차 산업혁명의 시대를 예고하고 인간의 지식으로 개발한 '알파고' 앞에서 인간의 두뇌로도 미치지 못하는 새로운 과학시대가 도래하고 있음을 얼마 전 '알파고'와 인간의 바둑대결에서 분명히 보아왔다.

    문명의 발전은 인간이 기계 앞에 노예화되어가고 있으며 인간의 고귀한 심성에 사유하는 정서는 멀어지고 이기적 실속주의와 이념적 갈등만이 심화 되어 계층 간의 불화와 대립으로 사회를 더욱 병들게 하고 있을 뿐이다.

    다시 말해 남을 배려하고 봉사하는 희생적 자비정신은 팽배한 이기주의利己主義에 매몰되어 가고 물질적 가치추구는 향락주의와 육체적 쾌락주의에 빠져들게 되어 인륜人倫의 질서마저 위협받고 있는 것이 사실이다.

    이러한 시대의 위기를 극복할 수 있는 힘이 있다면 분명 그것은 지식의 힘이 아니라 지혜의 힘이라고 말하고 싶다. 지혜의 힘을 《금강경》의 내용과 야부 스님의 선적 체험을 노래한 송구頌句를 통해서 얻을 수 있다고 확신한다.

《금강경》이란 제목이 시사하는 바와 같이 물리적 환경이 아무리 힘난하다고 해도 금강석과 같은 굳건한 지혜의 힘으로 다스릴 수 있음을 밝히고 있기 때문이다.

따라서 나는 야부 스님의 송구를 언제나 심중에 각인刻印하고 힘든 가시밭길을 걸을 때마다 이를 극복할 수 있는 지혜의 힘으로 삼아왔다.

야부 스님은 《금강경》에서 지불책우智不責愚라는 노래를 읊었다. 번역하면 '지혜로운 사람은 어리석음을 꾸짖지 않는다'라는 것이다. 우주 법계의 모든 생명은 본래부터 참지혜의 불성을 구족하였기 때문에 어리석음은 실체 없는 공화空華와 같은 것이라고 하였다. 따라서 《금강경》을 통해서 참지혜를 만나 인간의 삶이 좀 더 여유롭고 멋스러운 환희歡喜로 채워질 수 있다면 개정 출판의 기쁨이 이보다 더할 수는 없을 것이다. 오래전 출간한 내용을 다시 살펴보니 좁은 소견으로 번역 해설함을 부끄럽게 생각한다. 훗날 이보다 더 깊이 있는 연구가 있기를 바랄 뿐이다.

끝으로 개정 출판에 흔쾌히 추천 글을 써 주신 원로의원이시며 종단 전계대화상이신 성우 큰스님께 머리 숙여 감사드리며 법보시한 선남선녀와 모과나무출판사 임직원 여러분께도 감사드린다. 온 우주 법계에 모든 생명들이여 안락하여라 영원하여라.

2017년 7월 30일

삼이 원학

차례

추천의 글 | 오색방광이 찬란하구나 •6
개정 출간에 즈음하여 | 지식너머 참지혜를 만나라 •8
해제 •13
원상圓相 •17

1. 금강경의 설법이 이루어진 이유를 자세히 밝히다 •21
2. 주수항복住修降伏에 대하여 선현이 일어나 설법을 청請하다 •42
3. 수보리의 물음에 부처님께서 대답하신 것은 대승의 바른 근본인 것이다 •52
4. 묘행妙行은 주住함이 없이 보시를 행하는 데 있는 것이다 •56
5. 진실한 견해는 그 자체가 진리임을 밝히다 •63
6. 올바른 믿음을 가지는 것이 희유한 가치를 지니게 된다 •69
7. 부처님의 설법은 본래 공한 것이기에 얻을 것도 설법할 것도 없다 •84
8. 금강경의 설법에 의지하여 부처님의 깨달으신 법도 나온 것이다 •93
9. 일상一相에는 본래 사과四果에 만족하는 상이 없다 •102
10. 정토淨土를 장엄하는 것은 무주無住의 마음이 있어야 한다 •113
11. 수승한 복은 물질적 보시 공덕이 아니라 마음을 깨우쳐주는 무위복이 되어야 한다 •126
12. 부처님의 바른 가르침을 존중해야 한다 •132
13. 부처님의 법을 받아 가질 때는 문자에 집착하지 않는 것이 여법한 것이다 •137

14. 적멸에는 모든 상相이 없기 때문에 모양에 집착을 떠나야 한다 •154

15. 경전을 가지는 공덕은 얼마일까, 부처님의 법문을 통해서 알 수 있다 •193

16. 업장을 깨끗이 하는 데는 반드시 경전을 모시고 읽고 실천해야 한다 •208

17. 구경에 이르게 되면 그 속에서는 아상我相이 없다 •218

18. 부처와 중생이 한 몸에서 나누어진 것으로 보아야 한다 •246

19. 우주 법계는 넓게 소통하여 모든 중생을 교화하고 있다 •260

20. 물질적 화려함과 모양에 집착을 떠나야 참 반야지가 빛을 발한다 •264

21. 부처님이 설법한 바를 두고 설법이라 믿으면 결코 설법이 될 수 없다 •268

22. 우주 법계 속에서 작은 법 하나라도 얻는다고 할 수 없다 •277

23. 부처님의 착한 법을 실천하면 마음은 스스로 맑아진다 •281

24. 복덕과 지혜는 비교할 수 없을 정도로 무한한 것이다 •288

25. 부처는 중생을 교화하지만 교화한다는 마음이 본래 없는 것이다 •293

26. 법신을 모양으로 볼 수는 없고 참지혜의 빛으로 느끼는 것이다 •301

27. 부처님의 설법은 끊을 수도 없고 무너져 소멸시킬 수도 없다 •310

28. 부처님의 법에는 공덕의 결과를 받는 것도 아니고 설법에 탐욕을 내는 것도 아니다 •314

29. 부처님의 위엄과 의례는 화려함에 있지 않고 언제나 한적하고 고요함에 있다 •321

30. 법계는 언제나 하나의 상이 있을 뿐이다 •325

31. 부처님의 법에는 안다는 소견를 내어서는 안 된다 •332

32. 중생의 마음에 응하는 몸이나 천백억의 화신도 참몸이 아님을 밝히다 •337

일러두기

1. 번역의 대본은 용복사龍腹寺 판본으로 하였다.
2. 용복사 목판본에 탈자脫字된 부분은 탄허스님《금강경 현토역해본》을 참조하여 더하였다.
3. 본문에 번역은 물론 착어著語와 송구를 가능한 한 원문의 뜻을 살리고자 노력하였다.
4. 착어와 송구를 번역하면서 돌咄, 억噫, 이咦, 할喝, 하하呵呵 등은 음으로 두고 번역하지 않았다.
5. 원문에 야부선사의 착어를 두고 번역과 해설을 붙이고 다음 송구頌句를 두고 번역과 해설을 더하였다.

해제解題

《금강경金剛經》의 의의意義와 사상思想

　대한불교 조계종의 소의경전所依經典은 《금강경》이다. 이것은 《금강경》이 지닌 의의와 사상이 조계종의 사상과 일치되기 때문이다. 그리고 한국불교의 근본적 사상체계는 《금강경》을 연구하고 넓게 보급하는 데 있으며 실제 수행의 지침으로 삼고 있기 때문이다. 따라서 《금강경》을 연구하는 것은 한국불교 사상을 연구함은 물론 실제 생활의 수행지침이 무엇인가를 아는 데 귀감이 될 수 있다.

　그렇다면 《금강경》의 의의와 사상에 대하여 간략하게 생각해보자.

　《금강경》은 《대반야경大般若經》 600부 가운데 제577부에 해당하며, 요진姚秦의 구마라집鳩摩羅什344~413이 번역한 《능단금강반야바라밀다경能斷金剛般若波羅蜜多經》이 구체적인 경명經名이다.

　범어로는 Vajracchedikâ-pâramiâsûtra라고 하며, 번역하면 '단단한 금강석이 능히 모든 것을 끊을 수 있고 부서지지 않듯이 반야의 밝은 지혜로써 피안彼岸의 세계에 이른다'는 뜻이다.

　《금강경》은 중국불교에 있어서도 수많은 고승석덕들이 주석을 달아 연구하여 왔으며 우리나라에서는 《금강경오가해金剛經五家解》에 함허1376~1433 스님이 설의說誼를 붙인 것을 비롯해서 헤아릴 수 없이 많은 해설서가 나와 있기도 하다.

《금강경》의 사상적 체계는 사상四相(我·人·衆生·壽者)을 여의고 법상法相을 드러내는 것이며, 끝내는 법상法相마저 집착임을 알아차리는 철저한 공무사상空無思想을 강조하고 있다.

비록《금강경》속에서는 공空을 직접 말하는 곳은 없으나 사상四相이 상相이 아니며 이름만이 남게 되는 것이라고 처음부터 끝까지 강조하고 있다.

심오한 공무사상空無思想을 엿볼 수 있는《금강경오가해》의 해설이 직역으로만 되어 있어, 교리에 대해 전문적인 지식을 갖고 있지 않은 일반인들이 보기에는 어려운 것이 사실이다.

따라서《금강경》의 심오한 사상을 쉽고 간결하게 표현한 해설서를 생각하다 현대인의 정신적 고뇌를 극복할 수 있는 야부선사의 착어著語와 송頌만을 뽑아 번역하고 해설을 붙였다.

본래《금강경오가해金剛經五家解》는 처음부터 성립된 것이 아니고 부대사傅大士497~569, 육조혜능六祖慧能638~713, 규봉圭峯780~841, 야부冶父?~? 종경宗鏡?~?이 따로따로 주석을 붙인 것을 어느 때 누가 편집했는지 자세히 알 수 없으나 하나로 묶은 것이다. 우리나라에《금강경오가해》판본이 전해진 것은 1415년 안엄사본安嚴寺本이 최초이며 그 외 여러 곳에서 개판開版한 것이 전해져 오고 있다.

야부선사冶父禪師의 착어著語와 송頌의 의의意義

야부선사의 생몰 연대生沒年代는 자세히 알 수 없으며 다만 남송南宋 시대의 인물로서, 성姓은 적狄이며 이름은 삼三이라 하며 무위군無爲軍의 궁수弓手로 있다가 발심하여 출가하였다. 도겸道謙 선사에게서 도천道川이라는 법호를 받았고, 정인계성淨因繼成1101~1125 의 법을 이어 임제臨濟의 6세손이 된다.

비록 생몰 연대는 알 수 없으나 《금강경》에 붙인 착어著語와 송頌은 그 뜻이 높고 깊어서 예로부터 선학禪學을 공부하는 수행자들에게 빼놓을 수 없는 지침서가 되어 왔다.

야부선사冶父禪師가 붙인 착어와 송은 110구가 된다.
착어란 부처님과 수보리가 주고받는 대화의 내용을 선적禪的 체험에 의한 견해를 몇 마디 붙이는 평評을 말한다.
송頌은 경문經文의 뜻을 정형화된 시로 읊은 것이니 언어문자를 빌려서 《금강경》의 심오한 이치를 선시禪詩로써 밝힌 것이다.
이를 격외선구格外禪句라 하여 깨달음의 경계를 명백하게 나타낸 것으로 단순한 자구해석字句解釋으로는 그 뜻을 밝히기가 어렵다. 그러나 격외의 선구도 《금강경》을 따라 붙인 만큼 경문經文의 내용을 헤아리기 쉽도록 풀이하고자 하였다.
따라서 부처님과 수보리의 문답을 자세히 관찰하고 야부 스님의 착어와 송구를 헤아려 보면서 집착을 버리고 이름만 남는 현상 속에 분명한 참지혜를 발견할 수 있다면 우리가 살고 있는 사바세계가 극락정토로 장엄되고 있음을 알 수 있을 것이다.

원상圓相의 의의意義

　야부冶父 스님은 《금강반야바라밀경金剛般若波羅蜜經》의 제목을 이해하기 위해서는 원상圓相의 의미를 먼저 깨달아야 그 참뜻을 알 수 있다고 했다.
　본시 원상의 모양은 남양혜충南陽慧忠 ?~775 국사에서 비롯되었다. 혜충 스님이 제자 탐원耽源 스님에게 전하고 다시 앙산仰山 1215~1287 스님에게 전했다.

　탐원 스님이 어느 날 앙산 스님에게 전해준 원상에 대해서 물었다.
　"내가 전해준 원상圓相은 어디 있는가?"
　"제가 벌써 원상을 태워 버렸습니다."
　"너에게 전해준 원상은 역대 조사들에게서 전해 내려온 것인데 어찌하여 불살라 버렸는가?"
　"제가 한 번 보고 그 뜻을 알았으므로 그 원상에 집착할 필요가 없었습니다."
　탐원 스님이 다시 말하였다.
　"자네는 알았다 하더라도 후학들에게는 어찌하겠는가."
　앙산 스님이 다시 원상을 그려 바치니 하나도 틀림이 없었다.

　어느 날 탐원 스님이 법상法床에 오르자 앙산 스님이 대중 가운데 있다가 일어나 원상을 그려 손으로 잡아 일으키는 모양을 짓고 합장하며 고요히 서 있자 탐원 스님이 두 손으로 받아 보였다. 앙산 스님이 앞으로 세 걸음을 걷고 여인이 절을 하듯 공손히 예배를 올리자 탐원 스님이 고개를 끄덕였다고 한다.

이것이 선사禪師들 간에 전해 내려온 원상의 시초라고 한다. 원상의 의미를 좀 더 자세히 풀이하면 일원一圓의 이치는 우주를 상징하고 만물이 총섭되어진 뜻을 담고 있다. 최초 언어도단言語道斷과 심행처멸心行處滅된 원적圓寂의 뜻이기도 하다.

> 法不孤起 誰爲安名
> 법불고기 수위안명
>
> 법은 홀로 일어나지 않나니
> 누가 이름을 붙인 것인가

그렇다면 야부冶父 스님은 원상을 어떻게 해석하였는가. '법'은 스스로 이름하지 못하고 경經을 통해서 이름을 드러내는 것이다. 비록 문자에 소속되면서도 문자에 얽매이지 않는 뜻을 간취해야 원상의 참 뜻을 알 수 있다. 유심有心과 무심無心으로 헤아릴 수 없는 자리가 원상이다. 부처와 중생이 이 원상에서 나왔으니 《금강경》도 역시 이 원상을 벗어날 수 없음을 알아야 한다.

따라서 야부 스님은 원상을 그려 놓고 송頌을 한다.

摩詞大法王 無短亦無長
마하대법왕 무단역무장

本來非皂白 隨處現靑黃
본래비조백 수처현청황

花發看朝艶 林凋逐晩霜
화발간조염 임조축만상

疾雷何太擊 迅電亦非光
질뢰하태격 신전역비광

凡聖元難測 龍天豈度量
범성원난측 용천기도량

古今人不識 權立號金剛
고금인불식 권립호금강

넓고도 큰 법왕이여

짧지도 않고 길지도 않네

본래 검고 흰 것 아니지만

곳을 따라 청황靑黃을 드러내네

꽃이 피어 아름다운 아침

숲이 마르고 늦서리 내리네

우렛소리 얼마나 빠른가

번개 또한 빛이 아니라네

범부 성인도 알지 못하거니

용龍과 천天이 어찌 헤아리겠는가

고금古今에 사람들 알지 못하여

방편으로 금강金剛이라 이름하였네

절대의 넓고 큰 법왕法王이라 하고 그것은 모양을 떠난 자리이기 때문에 짧다 길다 할 수 없고 검고 희다고 할 수 없으나 곳에 따라 변화를 보여주는 것이라고 한다. 그런 변화를 한 예로 들면 꽃피는 아침에 아름다움을 볼 수 있고 잎 지는 겨울은 찬 서리 내리는 것이라 했다.

또한, 우렛소리가 빠르면 얼마나 빠른가, 그보다 더 빠른 것이 있다. 번개 빛보다 더 빠른 것이 있으니 범부와 성인이 헤아리기 어렵고 변화를 부리는 용과 하늘이 알 수 없다. 옛날이나 지금이나 이 원상의 소식을 알았다고 할 수 없기 때문에 부득이 '금강金剛'이란 이름을 붙이게 되었다는 것이다.

따라서 부서지지 않는 금강의 의미는 우리의 본래청정한 일원一圓을 뜻하며 일원의 소식은 저마다 원만구족히 갖춰져 있다. 이것이 금강을 통해서 원상을 회복하는 공空 사상의 핵심이다. 다시 말해서 비우지 않고서는 원상의 구족함을 드러낼 수 없는 것이다.

01

法會因由分

법회인유분

금강경 설법이
이루어진 이유를
자세히 밝히다

이와 같이 내가 들었다.
어느 때 부처님께서 사위국 기수급고독원에서
많은 비구 천이백오십인과 함께 계셨다.

如是我聞 一時 佛 在舍衛國 祇樹給孤獨園 與大比丘衆千二百五十人俱
여시아문 일시 불 재사위국 기수급고독원 여대비구중천이백오십인구

如是
여시

古人道 喚作如如 早是變了也
고인도 환작여여 조시변료야

且道 變向甚麼處去
차도 변향심마처거

咄!
돌!

不得亂走 畢竟作麼生
부득난주 필경작마생

道火不曾燒却口
도화부증소각구

이와 같음이여
고인古人이 이르기를 "여여如如"라 하면 벌써 이것은 변해 버렸다 하니
또 일러라. 변했다면 어느 곳을 향하여 갔는가.

돌!
어지럽게 달아나지 말라. 필경에 무엇이라 하겠는가
뜨거운 불火이라 말하여도 일찍이 입口을 태우지 않네

여시如是란 말은 아난존자가 부처님으로부터 금강경의 설법을 이와 같이 들었다는 뜻인데 야부 스님은 유와 무가 둘이 아닌 유무불이有無不二를 여如라 하고 또한 여如는 유무有無가 아님으로 시是가 된다고 하였다. 그러므로 여如는 긍정이 되고 시是는 부정이 된다.

남전南泉748~834 스님이 어느 강사講師에게 물었다.
"무슨 경經을 강講합니까?"
"열반경涅槃經을 강講합니다"
"경중經中에 무엇으로써 극칙極則을 삼습니까?"
"여여如如로써 극칙極則을 삼습니다."

여시如是를 해석하기가 쉽지 않지만, 여如는 사람 사람이 본유本有한 심성이며 시是는 심성을 담고 있는 모습으로 보는 것이다. 따라서 불은 입을 빌려서 인식되지만 입은 불火에 구속되지 않는 이치를 담고 있듯이 심성은 육체 속에 있으나 육체의 존재와 관계 없이 존재하고 있음을 여如와 시是의 뜻으로 풀이 하였다.

如如
여여

靜夜長天一月孤
정야장천일월고

여如란 여如여

고요한 밤 높은 하늘

하나의 달이 외롭네

여如란 무엇인가. 물과 파도가 본래 둘이 아니다. 그러므로 물과 파도의 이름이 붙기 전의 소식을 높은 하늘에 뜬 둥근 달로 표현하였다. 여如는 본래 모나지 않고 원만 구족한 둥근 달빛과 같이 청정적요 淸淨寂廖하다.

是是
시시

水不離波波是水
수불리파파시수

鏡水塵風不到時 應現無瑕照天地
경수진풍부도시 응현무하조천지

看看
간간

시是란 시是여

물이 파도를 떠나지 않으니

파도가 바로 이 물이네

거울처럼 맑은 물

티끌바람 이르지 않으매

드러내는 모습 티없고

천지를 훤히 비추네

보고 보라

물과 파도를 어느 쪽에서 불러도 옳다는 것이다. 두두물물頭頭物物 속에 비로의 모습이 있고 삼라만상이 그 본 모습이 티 없이 맑다는 것이다. 본래청정本來淸淨 한 자리에 눈을 높이 뜨고 보라. 물인가 파도인가?

我
아

赤裸裸 淨洒洒 沒可把
적나나 정쇄쇄 몰가파

아我여

벌거벗은 듯 물 뿌린 듯 깨끗해

가히 잡을 수 없어라

부처님께서 탄생하시어 칠보七步를 걸으시며 천상천하 유아독존
天上天下 唯我獨尊이라 한 뜻을 헤아려야 한다.

나란 무엇인가.

배고픔에 밥을 찾고 배부르면 누울 곳을 찾는 그 무엇이 분명 있으나 잡으려면 잡을 수 없다. 또한 어린아이의 천진한 모습과 같이 맑고 깨끗하다. 현실 속에서 움직이는 모습은 있으나 모양다리 속에 담겨진 아我를 찾으면 분명 잡히지 않는다.

我我
아아

認得分明成兩個 不動纖毫合本然
인득분명성양개 부동섬호합본연

知音自有松風和
지음자유송풍화

아我란 아我여

인식認識하면 둘이고

털끝만큼 동動하지 않을 때

본연本然에 합合하고

소리를 아는 사람

솔바람에 화답和答하네.

아我를 인식하면 능소能所를 구별짓게 되므로 오히려 안중眼中에 티끌이 붙는 것과 같다. 그렇다고 아我가 없다고 하면 어떻게 되겠는가. 그것은 깨끗한 몸에 긁어 부스럼을 만드는 것과 같다. 이러한 이변二邊에 치우치지 아니하고 능소能所의 구별을 짓지 아니하는 절대의 아我를 말한다.

이러한 아我는 인인人人의 본분으로써 저마다의 참모습에 무생無生의 곡조를 가지고 있다.

참으로 소리를 아는 자는 무심無心한 송풍松風을 듣고 청음淸音의 이치를 깨달을 줄 알아야 하는 것이다.

聞
문

切忌隨他去
절 기 수 타 거

문聞이여

간절하오니

타他를 따르는 것 꺼려하누나.

육신의 귀를 통해서 듣는 것은 진정한 소리가 아니다. 앵무새의 소리와 제비의 소리를 구별짓는 귀를 가지고 듣는다면 오히려 소리에 구속되어 아我를 번거롭게 할 뿐이다. 그러므로 경계에 끌려서 듣는 육신의 귀를 가지고 부처님의 무진설법을 들을 수 없으며 저마다의 심안心眼을 열고 마음의 귀를 열어야 부처님의 무진설법을 들을 수 있다.

聞聞
문 문

猿啼嶺上 鶴唳林間
원제영상 학루임간

斷雲風捲 水激長湍
단운풍권 수격장단

最好晩秋霜午夜 一聲新雁覺天寒
최호만추상오야 일성신안교천한

문聞이란 문聞이여

원숭이는 산 고개에서 울고

학은 숲 속에서 눈물짓네

조각구름 바람에 걷히고

물살이 부딪쳐 여울이 크구나

늦가을 찬 서리 내리는

한밤중

한소리 새로운 기러기

하늘의 냉기를 깨우쳐 주네

원숭이의 울음과 학의 눈물이 같은가 다른가. 원숭이의 울음을 듣는 자는 학의 눈물을 보는 데 장애받지 않는다.

두두물물頭頭物物이 아我를 위해 무생無生을 말하고 있다. 찬 서리 내리는 고요한 밤 기러기의 울음소리가 하늘의 차가운 느낌을 주는 소리로 듣는 것이 있다면 문聞과 불문不聞에 구애받지 않는 들음이 있다.

소리 밖에 소리를 듣고 허한虛閑 한 곳에서 소리를 들어야 한다는 것이다. 다시 말해서 육신의 귀로 듣는 소리가 아니라 텅빈 마음의 경계에서 들을 수 있는 귀가 있어야 한다는 것이다.

一
일

相隨來也
상 수 래 야

일一이여
서로 따라오는구나

하늘과 땅이 일一을 근본根本하고 우주만물이 일一의 근원이다.

삼계三界의 만법萬法이 일一에서부터 기립起立한 것이니 마치 전쟁터에서 병사가 깃발을 따르는 것과 같고 그림자가 형상을 따르는 것과 같다.

一一
일일

破二成三從此出 乾坤混沌未分前
파이성삼종차출 건곤혼돈미분전

以是一生叅學畢
이시일생참학필

일一이란 일一이여

깨어진 둘 이루어진 셋이

이로부터 나왔네

하늘과 땅 뒤엉켜

나누지 않았을 때

이로써 일생 공부

모두 마친 것이라네

    하늘과 땅도 하나에서 비롯되었고 하늘과 땅 사람도 하나에서 나왔다.
    하나라는 것은 형단形段이 없어 본래 고요하다. 만물의 주인이 되고 부처의 어머니母가 된다.
    누구든지 이러한 하나의 뜻을 알아 깨닫게 된다면 살아생전에 공부를 끝마친 것이다.

▽
時
시

如魚飮水 冷暖自知
여어음수 냉난자지

시時여
고기가 물을 마시매
차고 뜨거운 것 스스로 안다네

    시간적인 의미를 뛰어넘어 일념一念이 장애받지 아니하고 고금에 변화하지 않는 시공時空의 세계를 뛰어넘는 절대의 시時를 말한다.
    그렇다면 진정한 시는 무엇인가.
    마치 물고기가 물을 마시고 차고 뜨거운 것을 스스로 알듯이 시時는 사람 사람이 스스로 느끼는 것이다. 뜨락 앞 휘영청 밝은 달빛이 때때로 여름이고 때때로 가을의 서늘함이 되는 것을 아는 사람이 있다면 시時를 설명하지 않아도 느끼게 되는 것이다.

▽
時時
시 시

淸風明月鎭相隨 桃紅李白薔薇紫
청풍명월진상수 도홍이백장미자

問着東君自不知
문착동군자부지

시時란 시時여
맑은 바람 밝은 달
서로 따라 돌고
복숭아꽃 붉고 배꽃 희고
장미꽃 연붉은 것을
봄신東君에게 물었더니
스스로 모른다 하네

　사시절四時節 속에서 봄이 오면 복숭아꽃은 붉게 피고 배꽃은 하얗게 피며 장미꽃은 요염하게도 불그스레 핀다. 그러나 이처럼 묘용妙用의 힘을 가진 봄신東君도 스스로의 묘용妙用을 말하지 않는다.
　말하지 않는 것을 부지不知라고 하는데 부지의 참뜻을 헤아리게 되면 스스로 알 수 있는 것이다.
　마치 맑은 바람과 밝은 달이 서로가 조화를 이루어 돌고 돌아 사시절을 나투듯이.

佛
불

無面目說是非漢
무면목설시비한

불佛이여

면목面目없이 옳다 그르다를

설법說法하는 놈이라네

본래 구족한 부처를 말하는가, 32상 80종호의 육신을 말하는가. 본래 구족한 부처는 형상이 없어 옳다 그르다 설법할 일이 없다. 다만 중생을 교화하기 위하여 상호엄신相好嚴身을 빌려 시비를 설하는 것이니 부처님의 49년간의 설법이 이를 두고 한 말이다.

小名悉達 長號釋迦
소명실달 장호석가

度人無數 攝伏群邪
도인무수 섭복군사

若言他是佛 自己却成魔
약언타시불 자기각성마

只把一枝無孔笛 爲君吹起太平歌
지파일지무공적 위군취기태평가

어릴 때는 실달悉達이라 하고

성장해서는 석가라 이름했네

> 제도한 사람 헤아릴 수 없고
> 삿된 무리를 섭수하고 항복받았네
> 다른 이를 부처라 말하면
> 스스로 마구니가 된다네
> 한가지 구멍 없는 피리를 잡고
> 그대를 위해 태평가를 부르네

  부처님이 이 세상에 오셔서 많은 중생을 제도한 것은 어린아이의 울음을 그치게 하는 데 지나지 않는다.
  그렇다면 49년간의 언설言說은 보화報化의 모습에서 나온 것이며 묘상妙相은 형단形段이 없으므로 나를 상대한 타인을 부처라 하는 것이 도리어 자기의 마군魔群이 된다.
  왜냐하면, 부처는 사마邪魔가 있으므로 해서 존재한다는 것이다. 다시 말하면 중생이 있으므로 부처가 있지만, 중생이 없으면 부처도 없다는 것이다.
  중생이니 부처니 하는 차별상이 없는 곳에 인인人人의 본태평本太平이 있으므로 이를 겁외가劫外歌라고 한다.
  겁외劫外의 노랫소리는 구멍 없는 피리 소리가 되고 겁외劫外의 노랫소리를 개안開眼하면 보이고 들리는 것이 천진묘용天眞妙用의 소리가 아님이 없다.
  마치 몸을 스치는 맑은 바람은 어디에나 가득하고 사람 사람의 면전에는 언제나 밝은 달이 차별 없이 빛나고 있는 것과 같은 것이다.

▽

在
재

客來須看
객래수간

也不得放過
야부득방과

隨後便打
수후편타

재여

손이 오면 반드시 보아라

지나치지 말고

뒤를 따라 쳐부셔라

본분의 가사家舍에 앉아 내객來客을 맞이하되 객주客主의 차별상差別相을 갖게 되면 그 차별상을 부숴야 한다는 것이다.

중생이 부처를 만나 부처가 되면 중생과 부처의 차별상이 끊어져야 진정한 부처가 되는 것이다.

▽

獨坐一爐香 金文誦兩行
독좌일로향 금문송양행

可憐車馬客 門外任他忙
가린거마객 문외임타망

홀로 향불 피워 앉아

금문金文을 두 줄로 외우니

불쌍한 수레 끄는 사람이여

문외門外에서 바쁘기만 하네

성성적조惺惺寂照한 자리를 가리사家裏事라고 하고 무명육신無明肉身을 도중사途中事라 한다.

가리의 본분인 마음을 잃어버리고 경구經句의 뜻만을 헤아리고 있으니 이런 사람은 평생토록 남의 수레를 끌고 가는 객의 신세를 면하기 어렵다는 것이다.

與大比丘衆 千二百五十人 俱
여대비구중 천이백오십인 구

獨掌不浪鳴
독장불랑명

대비구중大比丘衆 천이백오십인과 함께 함이여

한쪽 손바닥 헛되이 울리지 않네

스승과 제자가 한자리에 모여 법석法席을 마련한 것은 주객主客을 나누는 것이 아니라 두 손바닥이 합하여 한 소리를 일으키듯 설주說主와 청객聽客이 장엄하여 묘음妙音의 창화唱和를 이루게 되는 것이다.

따라서 부처님과 수보리의 문답은 하근중생下根衆生을 위하여 연출하신 것이다.

巍巍堂堂 萬法中王
외외당당 만법중왕

三十二相 百千種光
삼십이상 백천종광

聖凡瞻仰 外道歸降
성범첨앙 외도귀항

莫謂慈容難得見 不離祇園大道場
막위자용난득견 불리기원대도량

높고 높아 당당堂堂함이여

만법萬法 가운데 왕王이라네

삼십이상三十二相에

백천 가지의 빛이라네

성인 범부 우러러보고

외도가 돌아와 항복하네

자비스런 얼굴 보기

어렵다 하지 말라

기원의 큰 도량에

언제나 계신다네

부처님이 태어나신 곳은 인도 가피라국이며 마갈타국에서 깨달으시고 파라나국에서 설법하셨고, 최후 구시라국에서 열반하셨다.

정반왕의 아들로 태어나 19세에 출가하고 30세에 깨달음을 얻고 49년간을 주세설법住世說法하면서 300여 회에 걸쳐 설법하시다가 세수 80이 되어 고요히 열반에 드셨다는 것이다.

이러한 재세과정在世過程을 살펴보면 분명히 부처님도 거래去來가 있는 것이다.

그러나 32상과 백천종百千種의 찬란한 외색外色의 부처님 모습이 아닌 진리眞理의 본체本體에서 본다면 달이 천강千江에 빛나지만, 강물 속에는 달이 없는 것과 같고 인간이 살아가는 생활공간은 다르지만, 허공은 어딜 가나 가득함과 같다.

다시 말해서 세간世間과 출세간出世間의 차별인식이 끊어지게 된다면 사람 사람마다의 육신이 기원 대도량이 되어 그 속에는 언제나 자용慈容이 있다는 것이다.

따라서 본분의 자용慈容을 보지 못한다고 하지 말라는 것이다. 넓은 의미로 보면 부처님이 천이백의 제자와 언제나 함께 하는 것과 같이 언제나 자연은 무진법문을 설하고 있는 것이다.

이때 세존께서 공양하실 때에 가사를 입고 발우를 가지고 사위대성에 들어가 밥을 빌며 그 성중에서 차제로 걸식을 마치시고 본처소로 돌아 오셔서 밥을 잡수시는 것을 끝마친 후 의발을 거두시고 발을 씻었으며 자리를 펴고 앉으셨다.

爾時 世尊 食時 著衣持鉢 入舍衛大城 乞食 於其城中 次第 乞已 還至 本處 飯食訖 收衣鉢 洗足已 敷座而坐
이시 세존 식시 착의지발 입사위대성 걸식 어기성중 차제 걸이 환지 본처 반사흘 수의발 세족이 부좌이좌

惺惺着
성성착

깨고 깨어났도다

부처님께서 설법하시기 전 하루의 일상을 표현하고 있다. 모든 일과를 마치고 고요히 발을 씻고 앉은 자세는 선정禪定과 본래 구족한 지혜智慧가 원명구족圓明具足함을 보여 주신 것이다. 사실 이로써 금강경 법문은 끝난 것이지만 중생을 위하여 수보리의 물음에 답하시는 법문이 시작되고 있다.

飯食訖兮洗足已 敷座坐來誰共委
반사흘혜세족이 부좌좌래수공위
向下文章知不知 看看平地波濤起
향하문장지부지 간간평지파도기

밥을 드시고 마친 다음

발을 씻으셨네
자리 펴고 앉으신 뜻
누가 함께 알겠는가
아래 긴 문장을
아는가 모르는가
보고 보라
평지에 파도를 일으켰네

　부처님이 성중城中에 들어가 밥을 빌어와 드시고 발을 씻은 것은 중생의 일상과 다름이 없음을 보여주신 것이다.
　그러나 자리를 펴고 고요히 앉으신 뜻은 누가 알겠는가.
　선권방편善權方便에 의지하면 분명 부처님이 동설東說 서설西說 횡설橫說 수설竪說하신 것이 있지만, 진실에 의지해 보면 인인분상人人分上에 청천백일靑天白日과 같은 분명한 성령性靈이 있다. 그러므로 부처님의 일상의 모습을 중생에게 보이신 것은 평지에 파도를 일으킨 결과가 된다는 것이다.
　그러나 이 또한 모양 다리가 있는 생활 속에서 모양 없이 소소령령昭昭靈靈한 진실을 찾아야 한다는 것이다.
　부처님께서 걸식하고 밥을 드신 것은 중하근자中下根者를 위한 것이며 자리를 펴고 고요히 앉으신 뜻은 상근자上根者를 위한 것이다.
　이처럼 부처님께서는 중생을 위한 설법을 참지혜의 묘상으로 보여 주셨지만 중생이 그 뜻을 다 헤아리지 못하므로 수보리가 대중 가운데 일어나 부처님께 자세한 법문을 청하게 된다.

이로써 금강경 법문이 언설로써 펼쳐지는 것이다.

02

善現起請分

선현기청분

주수항복에 대하여
선현이 일어나
설법을 청하다

이때 장로 수보리가 대중 가운데 있어서 곧 자리에서 일어나 오른 어깨를 치우쳐 옷을 걸어 메고 오른 무릎을 땅에 붙이고 합장하고 공경하여 부처님께 사뢰어 말씀하되 희유希有하십니다, 세존이시여 여래가 모든 보살을 잘 호념하시고 모든 보살을 잘 부촉하시나이다.

時 長老¹須菩提² 在大衆中 卽從座起 偏袒右肩 右膝着地 合掌恭敬 而白佛言 希有 世尊 如來³ 善護念諸菩薩⁴ 善付囑諸菩薩
시 장로수보리 재대중중 즉종좌기 편단우견 우슬착지 합장공경 이백불언 희유 세존 여래 선호념제보살 선부촉제보살

如來
여래

不措一言 須菩提 便興讚歎
부조일언 수보리 편흥찬탄

具眼勝流 試着眼看

---

1 장로長老란 aysumat라 하며 혜명慧命·장자長者 대덕大德·존자尊者라 번역하고 경청의 뜻을 갖춘 것이다.

2 수보리須菩提란 subhûti라 하며 선현善現, 선길善吉, 선업공생善業空生의 뜻으로 번역한다. 부처님의 십대제자 중 한 사람이며 공空의 이치를 널리 깨달아 무쟁삼매無諍三昧를 얻었다고 한다.

3 여래는 tathâgata라 하며 부처님의 십호 중 하나이며 중생을 제도하기 위해 이 세상에 여실히 왕래하셨다는 뜻이다.

4 보살은 bodhisattbva의 음역으로 각유정覺有情, 대사大士 등의 뜻이며 보리살타菩提薩埵를 줄여서 보살이라 하며 자리이타自利利他의 대자대비심을 갖고 언제나 중생의 고통을 덜어준다는 것이다.

구안승류 시착안간

여래는
한 말씀도 하지 않았는데
수보리가 문득 찬탄을 일으키니
안목을 갖춘 수승한 무리들은
시험 삼아 눈을 떠 보라

부처님께서 영산회상에서 연꽃을 들고 있을 때 모든 대중은 그 뜻을 몰랐지만, 가섭존자만이 그 뜻을 알고 미소를 지었다고 하여 생겨난 말이 염화미소拈花微笑이다.

선禪은 부처님의 마음이라 하여 마음은 이심전심以心傳心한다는 것이다. 다시 말해서 마음으로써 마음에 전한다는 뜻이므로 언어를 빌리지 않아도 된다는 것이다. 야부 스님께서 말씀한 것과 같이 수보리야말로 언어를 빌리지 않아도 수승한 지혜의 눈으로 부처님께서 자리를 펴고 앉은 뜻을 알고도 남음이 있을 텐데 왜 일어나 공경히 예를 올리고 여래께서 보살을 잘 호념하고 부촉한다고 하셨을까.

안목을 갖춘 수승한 사람이라면 눈을 감고 고요히 생각해볼 일이다.

'잘 호념한다'는 뜻을 풀이하면 악惡이 침범하지 못하게 하는 것을 호護라 하며 선善한 마음을 내게 하는 것을 념念이라 한다.

'잘 부촉한다'는 것은 근기가 미열하게 되면 도태되기 쉬우므로 보살과 지혜 있는 이들로 하여금 중생을 제도하게 하고 대비大悲의 마음이 끊어지지 않게 한다는 뜻이다.

▽

隔墻見角 便知是牛
격장견각 편지시우

隔山見煙 便知是火
격산견연 편지시화

獨坐巍巍 天上天下
독좌외외 천상천하

南北東西 鑽龜打瓦
남북동서 찬구타와

咄⁵!
돌!

담 넘어 뿔을 보면

소가 있음을 알고

산 넘어 연기를 보고

불이 났음을 안다네

홀로 앉은 높은 모습이여

하늘보다 땅보다 높음이여

남북동서에

거북 등을 뜨고

기왓장을 부수도다.

돌!

---

5 돌咄은 말과 언어로 표현할 수 없는 경계를 표현하는 데 쓰인다. 사물의 본 모습은 언어로 헤아릴 수 없고 사량思量할 수도 없는 것이므로 굳이 해석한다면 돌! 또는 쯧쯧!과 같다고나 할까.

수보리가 부처님께 찬탄의 말씀을 올린 것은 중하근자中下根者를 위해서 한 말이다. 부처의 종자種子가 끊어지지 않게 하기 위한 권교權敎의 모습을 드러내는 것이다.

따라서 야부 스님은 부처님의 속뜻을 수보리가 알 수 있는 것은 담 넘어 소를 알고 산 넘어 불을 아는 것과 같다고 하였다. 그러나 거북의 등을 뜯어 길흉吉凶을 시험하고 기왓장을 던져 운수를 점치듯 수보리의 찬탄을 설명하고 있다.

옛날 중국에서는 길흉의 뜻을 가리기 위해 거북 등을 뜯어 태웠다는 일화에서 찬구鑽龜란 말이 있었으며 중국 초楚 나라 때는 신당神堂이 있었는데 누구든지 점을 치기 위해서 그곳에 나아가 기왓장을 던져보고 엎어지면 흉하고 뒤집히면 길하다고 하였다.

거북이와 기왓장을 이용하여 부처님과 수보리의 높고 깊은 경지를 점쳐보라는 것이다.

세존이시여 선남자 선여인이 아뇩다라삼먁삼보리심을 발한 사람은 응당 어떻게 주住해야 하며 어떻게 마음을 항복 받을 수 있습니까?

世尊 善男子 善女人 發阿耨多羅三藐三菩提心[6] 應云何住 云何降伏其心
세존 선남자 선여인 발아뇩다라삼먁삼보리심 응운하주 운하항복기심

---

6 아뇩다라삼먁삼보리阿耨多羅三藐三菩提, anuttarâsamyaksambohi는 음역이며 무상정등정각無上正等正覺 또는 무상정변지無上正偏知의 뜻이 된다. 아뇩다라는 무상이며 삼먁은 정등正等이며 삼보리는 정각正覺이니 위 없이 바르고 평등하며 바른 깨달음이라는 뜻이다.

這一言 從甚處出來
　　저일언 종심처출래

　　이 한 질문이
　　어느 곳에서부터 나왔는가

　법성法性은 허융광대虛融廣大하기 때문에 주住할 수 없으며 심성은 본래적멸本來寂滅하기 때문에 항복 받을 필요가 없다는 것이다.
　그런데도 수보리가 어떻게 주住해야 하며 마음을 항복 받을 수 있는지에 대하여 부처님께 질문하므로 야부 스님은 왜 이러한 질문이 나오게 되있는가 하고 의문을 던지고 있다.
　특히 수보리는 부처님께서 공空의 이치를 달관하였다고 해서 해공제일解空第一이라는 칭호를 갖게 되었는데 하주何住와 항복降伏의 뜻을 모를 리가 없다는 것이다.
　따라서 이 문제를 현실에 육안으로 보려고 하거나 육신의 귀로 듣고 헤아리는 마음으로 생각하게 되면 본래청정本來淸淨한 법신法身을 매각昧却하게 된다.

　　你喜我不喜 君悲我不悲
　　이희아불희 군비아불비

　　雁思飛塞北 燕憶舊巢歸
　　안사비색북 연억구소귀

秋月春花無限意 箇中只許自家知
추월춘화무한의 개중지허자가지

그대 기뻐도 나 기쁘지 않고

그대 슬퍼도 나 슬프지 않네

기러기 추운 북쪽 생각하고

제비는 옛집 돌아가길 생각하네

가을 달 봄꽃들

무한한 뜻 있는 것을

저마다 알고자 하는 마음

스스로 알 뿐이네

이你와 군君은 금시인今時人을 말하며 아我는 본분인本分人을 말한다. 실상반야를 본분인本分人의 자리라면 관조반야觀照般若는 금시인今時人의 마음이다. 따라서 관조반야의 입장에서는 주항住降이 있고 희비가 있지만, 실상반야는 본래 청정하여 이사理事가 없으며 환희歡喜와 비우悲憂를 내지 않는다.

굳이 말한다면 기러기가 북쪽을 생각하고 제비가 옛집으로 돌아가길 기억해 내는 것과 같다고 해야 할까.

모두가 무심無心의 변화變化일 뿐이다. 이렇게 무심한 변화를 자연의 변화에 비유하면 봄은 생기로 가득 차고 여름은 더위가 맹위를 떨치고 가을은 결실하고 겨울은 움츠러드는 것과 같으며 달이 둥글었다가 이지러지고 꽃이 피었다가 떨어지는 것과 같이 소장消長하고 영허盈虛함이 있음을 알아야 한다.

이러한 무심한 변화의 소식을 따로 누구에게 전할 수 없고 오로지 본분인 저마다 스스로 알고 느낄 뿐이며 느낌에 장애를 받지도 않는다. 이것이 금시인今時人과 본분인本分人의 차이라고 하는 것이다.

부처님이 말씀하시되 착하고 착하도다, 수보리야 너의 얘기와 같아서 여래가 모든 보살을 잘 호념하며 모든 보살에게 잘 부촉하나니 네가 이제 자세히 들어라. 마땅히 너희를 위해 설법하리라. 선남자 선여인이 아뇩다라삼막삼보리의 마음을 발한 이는 응당 이와 같이 주住하며 이와 같이 그 마음을 항복 받아야 하느니라.
네 그러하옵니다. 세존이시여 기쁜 마음으로 듣기를 원합니다.

佛言 善哉善哉 須菩提 如汝所說 如來 善護念諸菩薩 善付囑諸菩薩 汝今諦聽 當爲汝說 善男子 善女人 發 阿耨多羅三藐三菩提心 應如是住 如是降伏其心
唯然世尊 願樂欲聞
불언 선재선재 수보리 여여소설 여래 선호념제보살 선부촉제보살 여금제청 당위여설 선남자 선여인 발 아뇩다라삼막삼보리심 응여시주 여시항복기심
유연세존 원요욕문

往往事因叮囑7生

---

7 정촉叮囑은 부처님께서 고구정녕苦口叮寧으로 보살을 호념 부촉하신다고 하였으니 이로 인하여 끝없는 설법이 펼쳐져 나온다는 뜻이다.

왕왕사인정촉생

더러는 일들이
정촉으로부터 나오네

　부처님께서 자리를 펴고 고요히 앉으신 뜻을 알고서도 중생을 위해서 설법을 수보리가 청하니 부처님께서 아뇩다라삼먁삼보리를 발한 사람들은 응당 이와 같이 주住하고 이와 같이 마음을 항복降伏 받아야 한다고 하니 수보리가 부처님의 뜻에 경의를 표하고 부처님의 가르침을 기쁜 마음으로 듣겠다고 하였으니 마치 어린아이가 할머니에게 재미있는 이야기를 청하면 할머니의 무심한 얘기들이 할머니의 마음에서 흘러나오듯 더러는 부처님과 제자들과의 사이에서는 이런 대화의 말씀들이 후세 중생들의 귀감으로 남게 되기도 한다. 따라서 정촉은 수보리의 간절한 물음에 부처님께서 대답하신다는 뜻이다.

七手八脚 神頭鬼面
칠수팔각 신두귀면

棒打不開 刀割不斷
봉타불개 도할부단

閻浮踔躒幾千廻 頭頭[8] 不離空王殿[9]
염부탁척기천회 두두　불리공왕전

8　두두頭頭는 일체만물一切萬物의 모습이 저마다 신용神用을 갖춘 것을 말한다.
9　공왕전空王殿은 사람마다 법성法性은 마치 허공虛空과 같이 본래 청정하므로 비유하여 한 말이다.

일곱 손과 여덟 개의 다리
귀신 머리 귀신 얼굴이네
방망이로 두드려도 열리지 않고
칼로 베어도 끊어지지 않네
염부에 몇천 번 왔다 갔던가
모두가 공왕空王의 집을
떠나지 않았다네.

    부처님이 중생을 위하여 방편方便으로 쓰는 신용神用은 자유自由롭고 자재自在하여 그 묘체妙體를 보기가 어렵다. 마치 일곱 개의 손과 여덟 개의 다리가 달린 귀신이 신통변화를 부리듯 몽둥이로 칠 수도 없고 칼로 끊을 수도 없는 것이다. 그러나 이러한 자유자재自由自在는 어디까지나 중생을 교화하기 위한 방편에 지나지 않는다.
    따라서 본래청정本來淸淨한 법성法性 속에서 본다면 부처님께서 사바세계에 몇 번이나 왕래했다고 하겠는가.
    모든 법성法性의 씨앗이 제자리를 떠나지 않고 원만구족한 꽃을 피우고 있을 뿐이다. 그러나 중생은 심중의 무한한 보배를 두고 밖을 향해 찾고 있으니 야부 스님의 송구頌句를 깊이 헤아려 보아야 할 것이다.

03

大乘正宗分
대승정종분

수보리의 물음에
부처님께서
대답하신 것은
대승의 바른
근본인 것이다

부처님께서 수보리에게 말씀하시되 모든 보살마하살은 응당 이와 같이 마음을 항복 받아야 하나니 있는바 일체 중생의 모습인 알로 생긴 것, 태로 생긴 것, 습기로 생긴 것, 변화하여 생긴 것, 모습 있는 것, 모습 없는 것, 생각 있는 것, 생각 없는 것과 생각이 있지도 않고 생각이 없지도 아니한 것들을 내가 남김이 없는 열반에 들게 해서 멸도滅度할 것이니 이와 같이 끝없는 중생들을 멸도한다고 해도 실제로는 중생을 멸도滅度한 사람이 없느니라.

왜냐하면, 수보리야, 보살이 아상·인상·중생상·수자상이 있게 되면 곧 보살이 될 수 없느니라.

佛告須菩提 諸菩薩摩訶薩[10]應如是降伏其心 所有一切衆生之類 若卵生 若胎生 若濕生 若化生 若有色 若無色 若有想 若無想 若非有想非無想 我皆令入 無餘涅槃 而滅度之 如是滅度 無量無數 無邊衆生 實無衆生 得滅度者 何以故 須菩提 若菩薩 有我相 人相 衆生相 壽者相 卽非菩薩

불고수보리 제보살마하살 응여시항복기심 소유일체중생지류 약난생 약태생 약습생 약화생 약유색 약무색 약유상 약무상 약비유상비무상 아개영입 무여열반 이멸도지 여시멸도 무량무수 무변중생 실무중생 득멸도자 하이고 수보리 약보살 유아상 인상 중생상 수자상 즉비보살

頂天立地 鼻直眼橫
정천입지 비직안횡

---

10 보살마하살菩薩摩訶薩은 mahâsattva로서 대유정大有情 대중생大衆生이라 번역한다.

하늘을 바치고 땅에 섰나니
코는 바르고 눈은 가로 노였네

한 법계 속에는 구류九類[11] 중생이 있다. 그 중생의 모습이 저마다 다르지만, 사람에게 있어서는 모두가 머리는 하늘을 향해 있고 코는 솟아올라 아래로 향하고 눈은 옆으로 찢어져 있다. 사람 사람의 참모습이 이러한 육신 속에 담겨져 있어 신용神用의 묘妙를 나툰다고 한다.

堂堂大道 赫赫分明
당당대도 혁혁분명

人人本具 箇箇圓成
인인본구 개개원성

祇因差一念 現出萬般形
지인차일념 현출만반형

당당한 큰 도여
밝고 밝아 분명하네
사람 사람마다 본래 구족하여
저마다 둥글게 이루어졌네.
다만 일념一念의 어긋남으로 인해

---

11 구류九類는 태胎, 란卵, 습濕, 화化의 사생四生과 유색有色, 무색無色, 유상有想, 무상無想, 비유상비무상非有想非無想을 말한다.

일만 가지 모습을 드러낸다네.

　일진법계一眞法界 속에 구류중생九類衆生이 동거함에 아무런 불편함이 없다. 특히 저마다 갖추어진 모습 속에 옷 입고 밥 먹고 손 흔들고 눈썹 찡그리는 것은 누군가로부터 배운 것이 아니라 대도大道의 빛을 받은 마음을 저마다 받았기 때문이다.
　그러나 이처럼 무애자재無碍自在 한 모습을 갖추어 있으면서도 외경外境에 끄달려 망념妄念을 일으키는 것은 무엇인가. 오로지 한 생각 그르친 데서부터 일만 가지의 변화를 일으킨다는 것이다.
　외경에 쫓아가는 무명無明의 실체 없는 마음을 버리게 되면 사바세계에 밝고도 분명하고 당당한 대도大道가 바로 자기 자신 속에 있음을 알게 된다는 것이다.
　따라서 부처님께서 수보리에게 말씀하신 것도 구류중생을 위하여 제도하였다고 하더라도 제도한 생각이 없어야 한다는 것이다. 법계의 법성에는 제도할 자와 제도 받을 자가 없기 때문이다.
　만약 사상四相[12]과 같은 마음을 일으키게 되면 진정한 항복降伏이 될 수 없음을 가르치고 있다.

12　사상四相은 아상我相, 인상人相, 중생상衆生相, 수자상壽者相을 말하는데 실제로 내가 있다는 모습을 가짐으로 상대가 생기게 되고 그러므로 중생의 모습을 벗어나지 못하고 자기가 가지고 있는 수명에 대하여 영구보존하고자 하는 집착을 일으키게 된다는 것이다. 금강경의 모든 내용의 뜻을 함축해보면 사상四相을 제거해야 한다는 데 지나지 않는다.

04

妙行無住分

묘행무주분

묘행은 주함이 없이
보시를 행하는 데
있는 것이다

또 수보리야 보살은 법에 응당 머무는 바 없이 보시를 행할지니 이른바 물질에 머물지 아니하고 보시하며 소리와 향기, 맛, 감촉, 법에 머무르지 아니하고 보시해야 하느니라.

수보리야 보살은 응당 이와 같이 보시하여 상相에 머물지 않아야 하느니라. 왜냐하면, 만약 보살이 모양 다리에 주住하지 아니하고 보시한다면 그 복덕을 가히 헤아릴 수 없기 때문이니라.

復次 須菩提 菩薩 於法 應無所住 行於布施 所謂 不住色
布施 不住聲香味觸法 布施
須菩提 菩薩 應如是 布施 不住於相 何以故 若菩薩 不住相 布施 其福德
不可思量

부차 수보리 보살 어법 응무소주 행어보시 소위 부주색
보시 부주성향미촉법 보시
수보리 보살 응여시 보시 부주어상 하이고 약보살 부주상 보시 기복덕
불가사량

若要天下行 無過一藝强
약요천하행 무과일예강

만약 천하를 행行하길 요할지라도
한 재주의 뛰어남에 지날 뿐이네

4. 묘행무주분妙行無住分 57

부처님께서 무주상無住相 보시를 행해야 한다고 말씀하신 것을 오히려 야부 스님은 그것을 한 재주를 부리는 데 불과한 것이라고 말한다.

중생의 입장에서 보면 재주 없는 사람은 어딜 가도 반겨주는 사람 없고 재주 있는 사람이 가는 곳에는 언제나 즐거움이 따르기 마련이다.

그것뿐만 아니라 지혜가 없는 사람이 공부한다는 것은 도道에 이르기 힘들고 지혜 있는 사람이 도를 찾는다면 심심心心이 청정하여 집착을 끊어 본지本地에 상응相應함에 아무런 장애를 받지 않게 된다는 것이다.

그러나 인간이 살아가는 가운데 덕을 쓰고 끝없는 묘한 생각이 스스로 구족具足되어 있는 것을 부처의 입장에서 보면 주住하지 아니하고 보시를 행한다는 자체가 한 재주를 부리는 것과 같다는 것을 야부 스님은 말하고 있다. 따라서 부처님의 설법 언어에 집착을 끊게 하기 위함이다.

西川[13]十樣錦 添花色轉鮮
서천 십양금 첨화색전선

欲知端的意 北斗面南看
욕지단적의 북두면남간

虛空不關絲毫念 所以彰名大覺仙
허공불관사호념 소이창명대각선

---

13 서천西川 : 중국 땅이름을 일컬음.

서천 땅 온갖 무늬 비단

꽃 수 놓아 더욱 선명하네

단적한 뜻 알려면

북두를 남쪽에서 보게나

허공이 티끌 생각을

관계하지 않듯이

이런 까닭이어야

대각의 이름을 나툴 수 있다네

야부 스님은 반야의 뜻을 아름다운 비단에 비유하고 비단에 꽃을 수 놓는 것을 교화의 방편이라 한다. 본래청정한 묘의妙義를 갖추어 만행의 방편인 덕용德用을 비단에 온갖 꽃을 수놓듯 부처님과 수보리와의 만남으로 비유한 것이다.

부처님은 수보리를 만나 무주無住의 설법을 하시고 수보리는 부처님을 만나서 무진법문無盡法門을 듣게 된 것이다.

이러한 부처님과 수보리가 주고받는 대화의 모습도 중생을 교화하려는 뜻임을 알아야 한다.

중생의 안목으로 본다면 남북동서가 나누어져 있지만 원래 하늘이 남북동서를 나눈 일은 없는 것이다.

그러므로 평등, 원융한 진리의 본체를 터득하게 되면 대각이란 이름을 부처님께서 나투신 뜻을 알게 되는 것이다.

수보리야, 너의 뜻은 어떠한가. 동방의 허공을 가히 헤아릴 수 있겠는가. 헤아릴 수 없습니다. 세존이시여,

수보리야, 남서북방과 사유상하의 허공을 가히 헤아릴 수 있겠는가. 헤아리지 못합니다. 세존이시여,

수보리야, 보살이 상相에 주住하지 아니하고 보시하는 복덕도 또한 이와 같아서 가히 생각으로 헤아릴 수 없는 것이니라.

수보리야, 보살은 다만 응당 가르친 바와 같이 주住해 야 하나니라.

須菩提 於意云何 東方虛空 可思量不 不也 世尊

須菩提 南西北方 四維上下[14] 虛空 可思量不 不也 世尊

須菩提 菩薩 無住相 布施福德 亦復如是 不可思量

須菩提 菩薩 但應如所敎住

수보리 어의운하 동방허공 가사량부 불야 세존

수보리 남서북방 사유상하 허공 가사량부 불야 세존

수보리 보살 무주상 보시복덕 역부여시 불가사량

수보리 보살 단응여소교주

可知禮也
가지례야

---

14 사유상하四維上下는 동서남북의 사이를 말하는 것이며 팔방이 되고 상하를 더하면 시방十方이 된다.

가히 예를 알아야 하네

사람이 살아가는 생활 속에서 예禮가 있고 예를 아는 사람은 자기의 분수를 알아서 어딜 가나 실수가 없으며 덕행德行을 닦아 많은 사람의 귀감이 되는 것이다.

수보리가 마음을 항복 받는 뜻을 묻고 부처님의 설법 듣기를 원한다고 하였다. 이에 부처님은 주처住處를 말씀하시기 위해서 무주상無住相을 강조하시고 보시의 뜻도 무주상의 보시를 말씀하시며 보시의 공덕이 깊은 것을 허공에 비유하여 말씀하시니 이것은 예를 아는 사람이 덕행을 베푸는 것과 같다는 것이다.

虛空境界豈思量 大道淸幽理更長
허공경계기사량 대도청유이갱장

但得五湖¹⁵風月在 春來依舊百花香
단득오호 풍월재 춘래의구백화향

허공의 경계를
어찌 헤아리겠는가
큰 도는 맑고 깊어
이치 또한 깊다네

---

15 오호五湖 : 중국의 다섯 개의 큰 호수 격호滆湖 · 조호洮湖 · 사호射湖 · 귀호貴湖 · 태호太湖를 말함.

오호五湖에 바람과 달이

있는 줄 알면

봄이 오면 옛날과 같이

온갖 꽃들이 향기롭다네

무주상의 보시공덕을 허공에 비유하고 허공의 의미를 자세히 설명한다.

헤아릴 수 없는 허공경계 속에는 아름다운 호수에 훈훈한 바람이 불고 휘영청 달이 떠오른다고 해도 허공에는 장애를 받지 않는다. 그것은 무주성無住性이기 때문이다.

무주성의 허공 속에 온갖 꽃들이 피고 향기로운 것이 있어 우리의 마음을 기쁘게 하듯 육신 속에 견문見聞하고 각지覺知하는 것이 본래 청정한 실상반야를 의지한 까닭이다.

옛 가지를 의지한 꽃이 향기를 발하듯 무주의 대도大道 속에 원만 구족한 만덕을 베푸는 것이 수보리와 부처님과의 문답이 되는 것이다. 따라서 무주상無住相의 보시布施 공덕功德이 얼마나 깊은가를 말씀하신 것이다.

05

如理實見分

여리실견분

진실한 견해는
그 자체가
진리임을 밝히다

수보리야, 너의 뜻은 어떠한가.
가히 신상身相으로써 여래를 볼 수 있겠는가?
못 봅니다, 세존이시여. 가히 신상으로써 여래를 볼 수 없습니다.
왜냐하면, 여래께서 말씀하신 신상은 신상이 아니기 때문입니다.

須菩提 於意云何 可以身相 見如來不
不也 世尊 不可以身相 得見如來
何以故 如來 所說身相 卽非身相
수보리 어의운하 가이신상 견여래부
불야 세존 불가이신상 득견여래
하이고 여래 소설신상 즉비신상

且道
차도

卽今 行住坐臥 是甚麼相
즉금 행주좌와 시심마상

休瞌睡
휴갑수

또 일러라
이제 다니고 머무르고 앉고 눕는 모습은
누구의 모습인가

꾸벅 졸지 말지어다

행주行住하고 좌와坐臥하는 색신色身 속에 상주常住하는 법신法身이 있음을 알아야 한다. 다시 말해서 색신을 여의고 법신을 찾는 것은 망상분별妄想分別에서 일어나는 생각이기 때문에 이런 생각을 쉬라는 뜻에서 졸지 말라고 한 것이다.

졸음은 마군이니, 공부에 장애를 일으키는 분별이 되므로 실상반야의 이치를 터득하기 위해서는 분명한 깨어남이 있어야 한다. 공부하는 데 있어 졸음보다 큰 장애는 없다. 졸음은 무명심無明心을 증장하여 영원히 깨어날 수 없는 것이다.

身在海中休覓水 日行嶺上莫尋山
신 재 해 중 휴 멱 수 일 행 영 상 막 심 산

鶯吟燕語皆相似 莫問前三與後三
앵 음 연 어 개 상 사 막 문 전 삼 여 후 삼

몸이 바다에 있어

물 찾지 말고

날마다 산 고개 오르며

산 찾지 말지니

앵무새의 노래 제비의 소리

다 비슷한 것을

전삼前三과 후삼後三을 묻지 말게나

5. 여리실견분如理實見分 65

자기를 잃어버린 사람은 신외身外에 부처를 얻어 보려고 한다. 그것은 바다 가운데 있으면서 물을 찾는 것과 같으며 날마다 산행을 하면서 산을 찾는 것과 같은 것이다.

비록 신상身相으로써 여래를 볼 수 없다 한 것은 신상은 법상法相에 의지한 그림자이기 때문이다.

그렇다고 신상을 떠나서 법상을 찾는 것은 물과 산을 떠나서 물과 산을 찾는 것과 같은 것이다. 또한, 앵무새의 울음소리나 제비의 지저귀는소리가 한 소리임을 알게 되면 전삼前三과 후삼後三을 구별 짓지 않아도 된다는 것이다.

전삼후삼은 피차를 구별 짓는 것과 같은 뜻이며 삼三이란 숫자는 헤아릴 수 없는 많은 수를 말한다.

따라서 수보리가 신상으로써 여래를 보지 못한다고 한 것은 신상을 부정한 것이 아니라 신상은 무체성無體性이기 때문에 신상으로 여래를 볼 수 없다는 것이다.

부처님이 수보리에게 이르시되 무릇 상相이 있는 바는 모두다 허망한 것이니 만약 모든 상이 비상非相임을 볼 수 있으면 여래를 보는 것이니라.

佛 告須菩提 凡所有相 皆是虛妄 若見諸相非相 卽見如來
불 고수보리 범소유상 개시허망 약견제상비상 즉견여래

山是山 水是水
산시산 수시수

佛 在甚麽處
불 재심마처

산은 산이요 물은 물이네
부처님은 어느 곳에 있는가

모든 상相이 상이 아닌 곳에서 여래를 볼 수 있다고 부처님께서 말씀하셨으니 신상身相 밖에 법상法相이 있다는 말인가를 야부 스님은 되묻고 있다.

부처님은 상相 속에 법신이 있음을 보라는 말씀이지 신상을 버리고 법상을 찾으라는 뜻이 아니다. 그러므로 산이 본래 산이라는 모습을 말한 바 없고 물이 본래 물이라고 말하지 않았다. 다만 미迷한 중생이 산과 물을 구별 짓고 부처와 중생을 차별 짓고 있을 뿐이다.

有相有求俱是妄 無形無見墮偏枯
유상유구구시망 무형무견타편고
堂堂密密何曾間 一道寒光爍太虛
당당밀밀하증간 일도한광삭태허

드러내는 모습 갈구하는 마음
모두가 거짓된 것이네
없는 모습 속에 볼 수 없으면
편고偏枯에 떨어지네
당당堂堂하고 밀밀密密한데
어느 곳에 틈이 있으랴
한 도리의 서늘한 빛이여
태허太虛에 빛나네

색신色身이 있고 법신法身이 없다고 고집하게 되면 유무有無에 떨어지게 된다. 사실 금강경의 깊은 뜻이 이곳에서 긴요히 드러난 것이다.

경전의 중심내용이 색상色相이 아닌 이치를 깨달아야 한다는 것을 말하고 있다. 그렇다고 해서 색상과 법상이 둘이라는 생각을 버려야 한다. 유무를 실유失有하는 중도中道의 소견所見을 갖게 되면 산山이 산山임에 장애롭지 않고 물이 물임에 장애롭지 않는 일미一味가 솟아난다.

편고偏枯란 일체 사물을 부정하는 단견론자斷見論者를 말한다. 법신은 영원히 변하지 않는 만유의 본체를 말하는 것이며 색신은 법신을 의지한 그림자인 무성체無性體를 말한다. 그러므로 색신은 실체가 없는 유한적 존재임을 가르치고 있다. 따라서 공의 이치를 깨달아 가는 것은 어느 곳에도 집착하지 않는 중도를 깨닫는 것이다.

06

正信希有分

정신희유분

올바른 믿음을
가지는 것이
희유한 가치를
지니게 된다

수보리가 부처님께 사뢰어 말하되 세존이시여 자못 어떤 중생이 이와 같은 언설이나 글귀를 얻어듣고 진실한 믿음을 낼 수 있겠습니까?

부처님께서 수보리에게 이르시되 그런 말을 짓지 말라. 여래가 멸도한 후 후오백세에도 계戒를 지키고 복덕福德을 닦는 사람이 있다면 이러한 글귀에 능히 믿는 마음을 내어서 이러한 것으로 진실한 마음을 삼을 것이다.

마땅히 알라. 이러한 사람은 한 부처님 두 부처님 셋 넷 다섯 부처님의 처소마다 선근종자를 심었을 뿐만 아니라 이미 끝없는 천만 부처님의 처소에서 선근공덕을 심었기 때문에 이러한 글귀를 얻어 듣고 한 생각에라도 깨끗한 믿음을 내게 될 것이니라.

須菩提 白佛言 世尊 頗有衆生 得聞如是 言說章句 生實信不

佛 告須菩提 莫作是說 如來滅後 後五百歲[16]有持戒修 福者

於此章句 能生信心 以此爲實

當知是人 不於一佛二佛三四五佛 而種善根 已於無量千萬

佛所 種諸善根 聞是章句 乃至一念 生淨信者

---

16 후오백세後五百歲: 부처님이 돌아가시고 난 후 오백 년마다 변화를 일으킨다고 한다.
첫째 해탈시대 오백년 解脫時代 五百年
둘째 선정시대 오백년 禪定時代 五百年
셋째 다문시대 오백년 多聞時伐 五百年
넷째 탑사시대 오백년 塔寺時代 五百年
다섯째 투쟁시대 오백년 鬪爭時代 五百年

수보리 백불언 세존 파유중생 득문여시 언설장구 생실신부
불 고수보리 막작시설 여래멸후 후오백세 유지계수 복자
어차장구 능생신심 이차위실
당지시인 불어일불이불삼사오불 이종선근 이어무량천만
불소 종제선근 문시장구 내지일념 생정신자

金佛不度爐
금불부도로

木佛不度火
목불부도화

泥佛不度水
니불부도수

금부처 용광로를 지날 수 없고
나무부처 불을 지나지 못하며
흙부처 물을 지나지 못하네.

부처님께서 일체상을 떠난 자리에서 여래如來를 보는 것이라고 말씀한 글귀를 듣고 과연 믿음을 낼 수 있을지에 대하여 수보리가 다시금 묻게 되었다.

부처님은 상相이 상相이 아닌 이치를 볼 수 있을 때 여래를 보는 것은 물론이거니와 내가 죽고 난 후 많은 세월이 흐른다 해도 이러한 글귀에 더욱 믿음을 깨끗이 하고 여러 곳마다 부처님께 선근공덕을 심

게 될 것이라 하였다.

이에 야부 스님은 여러 부처란 삼신불三身佛을 벗어날 수 없음을 지적하고 삼신불의 형상에 치우침을 경계하기 위해 황금으로 만든 부처는 용광로 속에 들어가면 녹아버리고 목불木佛과 니불泥佛은 불과 물을 지나칠 수 없다고 하였다.

형상화된 부처를 만나 선근공덕을 심는 것은 자성불自性佛을 만나기 위한 노력이다. 바른 믿음은 이런 이치를 깨달아 가면서 형상에 집착을 떨쳐버리는 습관이 생활화되어야 한다. 중생은 형상에 치우쳐 부처를 보려는 집착을 버리지 못한다.

　　三佛形儀總不眞 眼中瞳子面前人
　　삼불형의총부진　안중동자면전인

　　若能信得家中寶 啼鳥山花一樣春
　　약능신득가중보　제조산화일양춘

　　삼불三佛의 화려한 모습이여
　　모두가 참모습 아니네
　　눈 가운데 눈동자여
　　면전의 사람이네
　　만약 가중家中의 보배
　　얻을 수 있음을 믿는다면
　　새들의 울음소리

산속 피는 향기로운 꽃

모두가 한가지 봄빛이어라

　　삼불三佛을 삼신三身에 비유하기도 한다.

　　법신法身은 불변의 진리를 상징하므로 금불金佛에 비유하고 보신報身은 인因에 따른 모습을 말하는 것이므로 아미타불阿彌陀佛과 같은 뜻으로 목불에 해당되고 화신化身은 유종有終의 형상形像으로써 니불泥佛에 해당하기도 한다.

　　다시 말해서 금성金性은 불변하고 목성木性은 강强과 유柔를 겸하고 있으므로 화신化身의 편에서 보면 불변하지만, 법신의 편에서 보면 변하는 것이다.

　　니성泥性은 전혀 견강堅强하지 못하므로 화신에 비유한 것이다.

　　그러나 이러한 삼신불三身佛의 의미도 깨닫고 보면 모두가 비진非眞일 뿐이다. 본래 무일물無一物이로되 법신의 체를 보신과 화신을 통해서 깨달을 수밖에 없다.

　　그러므로 금강경에서 말하는 사구게四句偈 중에 첫 번째인 "범소유상 개시허망凡所有相 皆是虛妄"의 내용이 후래後來 중생들에게 무한한 생명력을 발휘하여 정신淨信하게 한다는 것이다.

　　따라서 깨달음의 이치에서 본다면 면전에 움직이는 개안자開眼者가 참모습임을 아는 사람이 있다면 이것이야말로 가중家中의 보배를 얻어 있는 줄 믿는 사람이니 마치 봄 속에는 새들의 울음소리와 꽃들의 아름다운 모습이 포용되고 있는 것과 같다는 것이다.

수보리야 여래가 다 알고 다 보나니 모든 중생이 이와 같이 끝 없는 복덕을 얻는 것이니라

須菩提 如來 悉知悉見 是諸衆生 得如是 無量福德
수보리 여래 실지실견 시제중생 득여시 무량복덕

種瓜得瓜 種果得果
종과득과 종과득과

오이씨를 심어 오이를 얻고
과실나무 심어 과실을 얻네

우리의 옛말에도 콩 심은 데 콩 나고 팥 심은 데 팥 난다는 말과 같이 오이의 씨앗을 심으면 오이가 열리고 과실나무를 심으면 과실이 열리게 되는 것이다.

인과因果의 법칙이 이와 같다는 것을 믿는 자가 있다면 부처님이 살아있고 돌아가신 것에 집착하지 않고 언제나 정신淨信을 가지고 복덕을 얻게 된다는 것이다. 여기에서 깨끗한 믿음이란 인과를 믿고 집착을 버리는 것임을 밝히고 있다.

一佛二佛千萬佛 各各眼橫兼鼻直

일불이불천만불 각각안횡겸비직

昔年親種善根來 今日依前得渠力
석년친종선근래 금일의전득거력

須菩提 須菩提 着衣喫飯尋常事
수보리 수보리 착의끽반심상사

何須特地却生疑
하수특지각생의

한 부처 두 부처

천만 부처여

모두가 눈은 옆으로 있고

코는 오뚝 솟았네

옛적부터 착한 종자

심어 왔더니

오늘은 옛날에 의지하여

큰 힘을 얻었네

수보리 수보리여

옷 입고 밥 먹는 일

일상의 일이거늘

어찌하여 특별한 곳에

의심을 내는가

　　수보리가 부처님께서 말씀하신 사구게四句偈를 듣고 후래 중생들이 믿음을 내지 못할까, 의심한 것을 야부 스님은 꾸짖고 있다. 수보리에게 꾸짖는 것이 아니라 우리 중생들에게 금강경의 속뜻을 다시금 헤아려 보게 하는 말씀이다.

옛적부터 선근을 심어온 결과로 금생에 수승한 불법을 만나고 불법을 전해주는 부처라는 것이 특이한 모습이 아니라 중생과 같이 눈은 옆으로 코는 가로 오뚝 솟아 있다.

따라서 인신人身을 얻은 자체가 무릇 공덕과 선근종자를 심어온 것인 만큼 부처를 내 몸속에 담고 있음을 분명히 알아야 한다.

일상생활 속에서 배고픔을 알고 목마름을 아는 것이 부처일진대 무엇 때문에 수보리가 특별히 신信과 불신不信에 대하여 의심을 일으킬 필요가 있겠는가.

부처와 중생과 마음이 차별되지 않는 원융한 지혜의 눈을 가지고 있다면 일용생활이 극락세계를 장엄하는 것이 될 수 있다.

왜냐하면, 모든 중생이 다시 아상과 인상과 중생상과 수자상이 없으면 법이라는 상도 없고 또한 법이 아니라고 하는 상도 없기 때문이니라

何以故 是諸衆生 無復我相 人相 衆生相 壽者相 無法相 亦無非法相
하이고 시제중생 무부아상 인상 중생상 수자상 무법상 역무비법상

圓同太虛 無欠無餘

원동태허 무흠무여

둥글기는 큰 허공과 같음이여
모자람도 없고 남음도 없어라

사람마다 몸속에는 허공과 같이 둥근 마음을 가지고 있다. 이를 영통광대靈通廣大한 마음이라고도 한다. 신령스럽고 모든 생명과 소통하는 넓고 큰 마음이다.

이러한 마음을 깨닫지 못하면 나라는 모습我相, 나를 상대한 너라는 모습人相, 나와 너를 구별 짓는 중생의 모습衆生相, 내가 가지고 있는 수명이 오래도록 존속하고 축생들의 수명보다 오래 산다고 믿는 모습壽者相을 갖게 된다.

금강경의 모든 사상이 이러한 사상四相을 버리고 버린다는 생각까지도 없어야만 허공과 같이 둥근 마음이 나타나고 그 마음은 모자람도 없고 남음도 없다는 것이다. 그러므로 부처님은 모든 생명을 평등하게 보는 마음에 수자상이 없어야 한다고 하였다. 따라서 불성은 모든 생명체 속에 평등하게 구족되어 있음을 알아야 한다.

法相非法相 開拳復成掌
법상비법상 개권부성장

浮雲散碧空 萬里天一樣
부운산벽공 만리천일양

법이라는 모습 법이 아니라는 모습이여
주먹을 펴니 손바닥이 되네
뜬구름 허공에 흩어지니
만 리에 하늘이 한 모습이네

부처님께서 드러내는 모습과 드러내지 않는 모습에 대하여 말씀하시고 이러한 법이 있다는 것과 법이 없다는 것을 말씀하셨다.

이에 야부 스님께서는 부처님의 말씀대로 생각하면 없다는 생각 斷見에 떨어질까 염려하여 주먹과 손바닥이 원래 둘이 아니라는 것을 얘기하고 있다.

마치 구름이 하늘을 의지해 떠돌고 있지만 언젠가는 흩어진 구름 자리가 푸른 하늘의 한 모습일 뿐인 것과 같은 것이다.

깨닫는 마음으로 보면 사상四相과 법상法相과 비법상非法相은 강을 건너는 나룻배와 같은 수단에 지나지 않는다. 따라서 부처님의 설법을 뗏목에 비유하기도 한다.

중생은 이를 통해서 원통圓通한 마음을 알고 무심無心의 본체로 돌아갈 수 있어야 한다.

왜냐하면, 모든 중생이 만약 마음에 상相을 취取하면 곧 아상·인상·중생상·수자상에 집착하는 것이며

왜냐하면, 만약 법상法相을 취取할지라도 아상·인상·중생상·수자상에 집착하는 것이며 비법상非法相을 취取하는 것도 곧 아상·인상·중생상·수자상에 집착한 것이 되느니라. 그러기 때문에 법이라

는 것도 취取할 것이 못되며 법이 아니라는 것도 취取할 것이 못 되는 것이니라.

何以故 是諸衆生 若心取相 卽爲着我人 衆生 壽者
何以故 若取法相 卽着我人 衆生 壽者 若取非法相 卽着我人
衆生 壽者 是故 不應取法 不應取非法
하이고 시제중생 약심취상 즉위착아인 중생 수자
하이고 약취법상 즉착아인 중생 수자 약취비법상 즉착아인
중생 수자 시고 불응취법 불응취비법

金不博金 水不洗水
금불단금 수불세수

금으로 금을 붙이지 못하듯
물로 물을 씻지 못하네

금성金性은 불변하지만, 형체의 변화는 인연 따라 다르게 나타난다. 법성法性은 불변하지만, 인성人性에 따라 법성의 작용이 다르게 나타난다. 그러나 금이 금을 붙이지 못하고 물로 물을 씻지 못하듯 능소能所의 분별을 일으키는 것을 경계하고 있다. 법과 비법의 이상二相의 견해를 버릴 때 일미一味의 참 지혜가 나타난다.

得樹攀枝未足奇 懸崖撒手丈夫兒
득수반지미족기 현애철수장부아

水寒夜冷魚難覓 留得空船載月歸
수한야냉어난멱 유득공선재월귀

나무에서 나뭇가지 잡는 일

기특한 일 아닐세

높은 벼랑에 매달려 손을 놓을 때

장부라 할 수 있다네

물이 차갑고 밤도 추워

고기 잡기 어려워

빈 배에 머물러 있다

달만 싣고 돌아온다네

마음을 가지고 부처를 얻는 일이 기특한 일이 될 수는 없다. 모두가 노력하지 않는 것이 문제가 될 뿐이다.

장부란 환경에 따라 변화를 일으키는 것이 아니라 어떠한 난경難境에 처해서도 무심해질 수 있는 마음이 있어야 한다.

이러한 경지에 도달하게 되면 범정凡情이 탈진脫盡하고 성해聖解도 없는 공적空寂의 자리로 돌아가게 된다.

그것은 어옹魚翁이 추운 날 고기를 잡지 못한 곳에서 휘영청 떠오른 둥근 달을 공선空船에 가득 싣고 돌아오는 것과 같다.

환지본처還至本處란 말이 무엇을 의미하는가. 중생의 삶에서 성인의 삶으로 옮겨가는 뜻보다는 중생의 삶이 곧 성인의 삶으로 깨닫게 되는 것을 이름하는 것이다.

법의 진리 세계를 부처라고 한다면 비법의 망상 세계가 중생인 것이다.

이런 뜻이 있기 때문에 여래가 항상 설법하기를 너희 비구가 내가 설법한 것이 뗏목에 비유한 줄 알아야 한다고 하나니 법도 오히려 버리라 하였는데 어찌 하물며 비법인 뗏목을 버리지 않겠는가.

以是義故 如來常說 汝等比丘 知我說法 如筏喩[17]者 法尙應捨 何況非法
이시의고 여래상설 여등비구 지아설법 여벌유자 법상응사 하황비법

水到渠成
수도거성

물이 흘러 개울이 생겼네

부처님이 49년간 언설言說을 빌려 설법하신 것은 해탈解脫의 경지로 중생을 이끌기 위함이니 문자의 언설을 통해 언설을 떠난 진여眞如

---

17 벌유筏喩 : 여러 경전에 나오는 비유. 즉 부처님의 말씀은 강을 건너는 뗏목과 같다는 것이다. 강을 건너고나면 뗏목을 버리듯이 깨달음에 도달하면 언설에 집착해서는 안 된다는 것을 말함.

의 자리에 계합契合하고자 한 것은 물이 흘러 개울이 생기는 것과 같이 자연성취의 결과인 것이다. 중생이 깨달아가는 무심의 경지를 밝힌 것이다.

　　　終日忙忙 那事無妨
　　　종일망망 나사무방

　　　不求解脫 不樂天堂
　　　불구해탈 불락천당

　　　但能一念歸無念 高步毘盧頂上行
　　　단능일념귀무념 고보비로정상행

　　　종일토록 분주해도

　　　무슨 일 방해로움 없어라

　　　해탈을 구하지 않고

　　　천당을 좋아하지 않네

　　　한 생각 생각 없는 곳으로

　　　돌아가면

　　　높은 비로의 정상에

　　　걸어 다닌다네.

부처님은 언제나 깨달음의 길을 안내하는 길잡이일 뿐 그 경지에 도달하는 것은 각자의 마음에 달린 것이라고 했다. 그러므로 부처님의 설법에 치우쳐 아는 것이 아니라 설법을 통해서 자가自家의 본성을 찾아야 한다.

법과 비법에 집착하지 않는 마음에는 평상심平常心이 도道가 된다. 따라서 별도로 해탈과 극락을 구하고 찾는 것이 아니다. 한 생각이 생각 없는 곳으로 돌아가면 높은 깨달음의 본체인 비로의 정상을 언제나 자유롭게 걸어 다닐 수 있는 것이다.

무념지無念智를 얻으면 자재自在를 얻고 자재를 얻으면 무슨 일何事에도 방해받지 않는 성진쾌활成眞快活의 세계를 누리게 되니 이것이 부처님의 뗏목 비유를 바로 알고 깨달아 가는 것이다.

07

無得無說分

무득무설분

부처님의 설법은
본래 공한 것이기에
얻을 것도
설법할 것도 없다

수보리가 말하되 제가 부처님이 말씀하신 뜻을 아는 것 같아서는 결정된 법을 아뇩다라삼먁삼보리라고 이름할 것이 없으며 또한 결정된 법을 여래가 가히 설했다고 할 것이 없습니다.

須菩提 言 如我解佛所說義 無有定法 名阿耨多羅三藐三菩提
亦無有定法 如來可說
수보리 언 여아해불소설의 무유정법 명아뇩다라삼먁삼보리
역무유정법 여래가설

寒即言寒 熱即言熱
한즉언한 열즉언열

추우면 곧 춥다 하고
더우면 곧 덥다 하네

부처님의 말씀인 법法도 버리고 비법非法도 버려야 한다는 것은 수보리는 벌써 그 뜻을 알고 부처님의 설법하신 뜻의 내용을 다시금 얘기하고 있다.

수보리가 알고 있는 뜻이란 결정된 법을, 위 없이 바르고 평등한 깨달음이라 이름할 것이 없다는 것이며 결정된 법을 여래가 설한 것이 없다는 것이다.

대승의 입장에서 해설한 내용이지만 지혜가 엷은 중생은 언설言

說이 있어 법을 전하는 줄 알지만 언설을 여의고 법을 전하는 뜻을 잘 모른다. 부처님의 설법은 대기설법對機說法이라 근기에 따라 말씀하신 것을 깨달은 사람들은 자기의 참모습을 언설을 떠난 자리에서 찾아야 수보리와 같은 대답이 나오게 된다. 따라서 그것은 추우면 춥다고 말하고 더우면 덥다고 말하는 무념천진無念天眞의 세계에 이를 수 있는 것이다.

雲起南山雨北山 驢名馬字幾多般
운기남산우북산 여명마자기다반

請看渺池無情水 幾處隨方幾處圓
청간묘지무정수 기처수방기처원

구름은 남산에서 일어나고
비는 북산에 오네
나귀의 이름 마자馬字여
얼마나 여러 가지인가
청하노니 넓고 아득한
무정의 물을 보라
어느 곳이 모나고
어느 곳이 둥글다 하겠는가

중생의 근기가 같지 않기 때문에 부처님의 설법이 때로는 반설半

說이며 때로는 만설滿說이며 때로는 편설偏說이며 때로는 원설圓說이 되기도 한다.

다시 말해서 아함방등阿含方等은 하근下根 중생을 위해서 설하시고 능엄楞嚴, 반야般若, 원각圓覺은 중근中根 중생을 위해 설하시고 법화法華, 화엄華嚴 등은 상근上根 중생을 위해 설하셨다는 것이다.

부처님의 대기설법對機說法이 마치 무심히 흐르는 물이 곳에 따라 모나게 흐르기도 하고 둥글게 흐르는 것과 같다는 것이다. 그러므로 물은 외형에 따라 모나게도 둥글게도 보일 뿐 물자체는 무심할 뿐이다.

왜냐하면, 여래의 설법하신 바 법은 가히 취할 수 없으며 가히 설할 수 없으며 법이라 할 수도 없으며 비법도 아니기 때문입니다.

何以故 如來所說法 皆不可取 不可說 非法 非非法
하이고 여래소설법 개불가취 불가설 비법 비비법

是甚麽
시심마

이 무엇인가?

수보리의 말을 헤아리기 어렵다. 논리란 체계적인 종속의 틀을 벗어날 수 없는 지식이다.

그런데 지식의 한계로는 헤아리기가 어렵다. 부처님께서 말씀하신 법을 취할 수 없고 설할 수 없고 법이라고 할 수도 없고 비법이라고도 할 수도 없다는 것이라면 도대체 무엇이라 해야 하는 것인가.

야부 스님은 이 글귀 속에 의문을 던지고 있는데 지극히 헤아려 보면 언어를 떠난 자리에서 이심전심以心傳心의 이치를 깨달아야 한다. 본래 법과 비법이 나누어진 것이 아니라 중생의 근기에 따른 것임을 다시금 인식해야 한다.

恁麽也不得 不恁麽也不得
임마야부득 불임마야부득

廓落太虛空 鳥飛無影跡
곽낙태허공 조비무영적

咄!
돌!

撥轉機輪却倒廻 南北東西任往來
발전기륜각도회 남북동서임왕래

이렇다 해도 맞지 않고

이렇다 하지 않아도 맞지 않네

툭 터진 넓은 하늘

새가 날아도 자취가 없네

돌!

기륜機輪을 돌려 뽑으면
도리어 거꾸로 돌아오는데
남북동서에
왕래가 자유롭네

문자반야文字般若를 통해서 실상반야實相般若의 이치를 깨닫게 되면 문자성이 없는 줄 알게 된다. 마치 허공을 나는 새의 자취를 찾을 수 없는 것과 같다. 남북동서와 일출일몰日出日沒이 정해진 것이 아니라 사람의 생활위치에 따라 주야가 다르고 동서남북과 일출일몰日出日沒이 다를 뿐이다.

따라서 법과 비법에 집착하지 않는 불佛의 본심을 깨닫게 되면 법이라 해도 방해가 안 되며 비법이라 해도 방해가 안 된다.

까닭이 무엇인가 하면 일체 현성이 모두 무위법으로써 차별이 있기 때문입니다.

所以者何 一切賢聖 皆以無爲法 而有差別
소이자하 일체현성 개이무위법 이유차별

부처님이 깨달으신 법은 무위법無爲法이라 한다. 무위법으로부터 일어나는 차별상은 중생 세계에만 있는 것이다. 마치 성문聲聞[18]에게

---

18 성문聲聞: 부처님께서 이들을 위하여 사제四諦를 설하셨다.

있어서는 사제법四諦法[19]이 되고 연각緣覺[20]에게 있어서는 인연법[21]이 되고 보살[22]에게 있어서는 육도법六度法이 되는 것과 같다.

따라서 이러한 경계를 벗어난다면 법을 취할 것도 없고 법을 설할 것도 없는 것이다.

毫釐有差 天地懸隔
호리유차 천지현격

털끝만큼 차별 있으면

하늘과 땅처럼 벌어지네

무위법은 일미一味이지만 법을 만나는 중생의 소견이 천차만별이다. 한 생각의 차이가 하늘과 땅처럼 벌어지는 것과 같이 무위법無爲法과 유위법有爲法의 차이는 멀고도 멀다. 그러나 하늘과 땅이 한 덩어리이듯 무위법과 유위법의 차이도 마찬가지다.

마치 금으로 온갖 그릇을 만들면 그릇 모양이 다 다르고 이름도

---

19 사제四諦 : 고苦 · 집集 · 멸滅 · 도道로써 중생 세계에는 고통이 있고 고통의 원인이 모여 천차만별의 분별망상이 생긴다. 그러나 이러한 분별망상의 원인은 언젠가는 없어지게 되기 때문에 멸하는 방법으로써 팔정도八正道를 가르쳐 주신 것이다.

20 연각緣覺 : 부처님께서 이들을 위하여 십이인연十二因緣을 말씀하셨다.

21 십이인연十二因緣 : 삼세三世 인과의 근본이 된다. 무명, 행, 식, 명색, 육처, 촉, 수, 애, 취, 유, 생, 노사 無明 · 行 · 識 · 名色 · 六處 · 觸 · 受 · 愛 · 取 · 有 · 生 · 老死

22 보살菩薩 : 부처님께서 이들을 위하여 육바라밀六波羅蜜을 설하셨다.

다르다. 그러나 금의 불변지성不變之性은 영원하듯 이러한 법의 불이성不二性을 깨닫게 되면 천지의 일원성一圓性을 알게 된다.

▼

  正人說邪法 邪法悉歸正
  정인설사법 사법실귀정

  邪人說正法 正法悉歸邪
  사인설정법 정법실귀사

  江北成枳江南橘 春來都放一般花
  강북성지강남귤 춘래도방일반화

  정인正人이 사법邪法을 설說하니
  사법邪法이 바르게 되고
  사인邪人이 정법正法을 설說하니
  정법正法도 삿되게 되네
  강북에 탱자도
  강남에는 귤이라네
  화사한 봄이 오면
  모두가 한가지 꽃이라네

앞서도 언급했듯이 성현은 무위법으로써 차별을 두기 때문에 법성은 불변이지만 정인正人의 원융무애한 설법에서는 설사 사법邪法이 있다 할지라도 모두 정법으로 돌아오게 된다.

본래 탱자와 귤이 나누어진 것이 아니라 강북과 강남에 따라서 탱자가 되고 귤이 되는 것과 같이 정사正邪의 차별은 중생에게 있을 뿐이다.

그러나 성인의 경계는 봄빛 화사한 날 꽃들의 향기로 가득한 것과 같은 것이다.

저마다 피는 꽃들의 모습은 다를지라도 꽃이라는 화심花心은 모두가 일반一般인 것처럼 성현의 마음도 일반인 것이다.

다시 말해서 성현의 차별법은 중생의 차별과 다르다. 그것은 무심으로 차별하기 때문이다.

08

依法出生分

의법출생분

———————

금강경의 설법에
의지하여
부처님의 깨달으신
법도 나온 것이다

수보리야 너의 뜻은 어떠한가. 만약 사람이 삼천대천세계에 가득한 일곱 가지 보배로써 보시를 한다면 이런 사람의 얻은 바 복덕을 차라리 많다 하지 않겠는가?
수보리가 말하되 심히 많다고 하겠습니다. 세존이시여.
왜냐하면, 이런 복덕은 복덕성이 아니기 때문에 여래께서 설법하신 복덕이 많다고 하는 것입니다.
만약 다시 어떤 사람이 이 경金剛經 가운데 사구게 등을 수지하여 다른 사람을 위해 설법해 준다면 그 복덕이 칠보七寶보다 수승하다 할 수 있느니라.

須菩提 於意云何 若人 滿三千大千世界[23] 七寶[24] 以用布施

是人 所得福德 寧爲多不

須菩提 言 甚多 世尊

何以故 是福德 卽非福德性 是故 如來說福德多

若復有人 於此經中 受持乃至四句偈[25] 等 爲他人說 其福勝彼

수보리 어의운하 약인 만삼천대천세계 칠보 이용보시

---

23 삼천대천세계三千大千世界 : 수미산을 중심으로 사주四州가 있고 이 밖으로 철위산鐵圍山이 싸여 있는데 이것을 일사천하一四天下라고 한다. 또한, 이것을 일세계라고 하니 이러한 세계에 천千을 더하면 소천세계小千世界가 되며 소천세계를 천을 더하면 중천세계中千世界라 하고 중천세계에 천을 더하면 대천세계大千世界라고 한다. 이를 모두 합하여 삼천대천세계라고 하는 것이다.

24 칠보七寶 : 금 · 은 · 청옥 · 수정 · 진주 · 마노 · 호박

25 사구게四句偈 : 범소유상 개시허망 약견제상비상 즉견여래등凡所有相 皆是虛妄 若見諸相非相 卽見如來등

시인 소득복덕 영위다부

수보리 언 심다 세존

하이고 시복덕 즉비복덕성 시고 여래설복덕다

약부유인 어차경중 수지내지사구게등 위타인설 기복승피

事向無心得
사 향 무 심 득

일이 무심無心을 향해 얻었네

    부처님께서 물질적 보시의 복덕을 물었을 때 그것이 많은 복덕이 된다고 하면서도 그 비유는 복덕성이 아니기 때문이라고 했다.

    복덕성은 중생의 마음을 깨우쳐 주는 것이요, 욕심慾心을 덜어내는 것이다. 칠보七寶 자체는 이러한 성품이 없고 오히려 중생의 마음을 어지럽게 분별할 뿐이다. 그러나 사구게四句偈는 신심信心을 청정하게 하여 제불諸佛의 신통기용神通機用과 스스로 남음이 있는 무량묘의無量妙義를 얻게 하기 때문에 참다운 복덕성이 있다고 하는 것이다. 따라서 수보리의 대답은 무심을 향해 이치를 드러낸 것이다.

寶滿三千及大千 福緣應不離人天
보만삼천급대천 복연응불리인천
若知福德元無性 買得風光不用錢

약지복덕원무성 매득풍광불용전

칠보와 같은 보배를 삼천과 대천세계

가득히 채워 베풀어도

복연은 응당

인천세계를 떠날 수 없네

복덕이 원래

성품이 없는 줄 알면

풍광風光을 사는 데

돈을 쓰지 않으리

사람이 살아가는 생활 속에 귀중히 여기는 것이 칠보七寶다. 이러한 귀중한 보물을 무수한 세계에 가득히 채워 그것을 남에게 베풀어 준다는 것은 대단한 일이다. 그러나 이처럼 훌륭한 인정을 베풀어 주는 공덕은 인천人天의 과보果報에 머물러 있을 뿐이다.

또한 금강경의 사구게로써 타인을 위하여 베풀어 준다면 이러한 법시法施는 무념진종無念眞宗에 계합하기 때문에 복성福性이 공空한 줄 알게 되고 본질적 시공施功을 베풀지 않아도 자가自家의 본지풍광本地風光을 드러내게 된다.

다시 말해서 칠보를 인因해서 유루有漏의 복덕을 닦을 수 있지만, 법시法施를 통해서만이 진정한 해탈解脫에 이른다는 것이다.

생명력을 갖춘 법시야말로 중생의 고통을 덜어주고 본분의 참 지혜를 갖추게 할 수 있지만, 물질적 시공施功은 그 자체가 생명력이 없기 때문에 선인선과善因善果를 짓는 데 벗어날 수 없다는 것이다.

왜냐하면, 수보리야 일체 모든 부처님과 모든 부처님의 아뇩다라삼
먁삼보리법이 모두 이 경금강경으로부터 나왔기 때문이니라.

何以故 須菩提 一切諸佛 及諸佛 阿耨多羅三藐三菩提法 皆從此經出
하이고 수보리 일체제불 급제불 아뇩다라삼먁삼보리법 개종차경출

且道
차도

此經 從甚麽處出
차경 종심마처출

須彌頂上 大海波心
수미정상 대해파심

또 일러라

이 경이

어느 곳에서 나왔는가

수미산의 큰 봉우리며

큰 바다의 파도 마음이네

과거 부처님과 부처님의 깨달으신 위 없이 바르고 평등하고 바른

8. 의법출생분依法出生分 97

깨달음의 법이라는 것이 금강경에서부터 나온 것이라고 했으니 그렇다면 금강경은 어느 곳에서 나온 것인가를 야부 스님은 되묻고 있다.

부처님의 무진법문無盡法門이 그 출처는 일진심성一眞心性의 한 곳에서 나온 것과 같이 금강경의 출처도 인인人人이 구족具足한 심경心經일 뿐이므로 자구경어字句經語는 알 수 있지만, 자구字句를 통해서 실상의 반야를 알지 못한다면 어떻게 되겠는가.

그것은 마치 산산山山의 근본에는 수미산이 있고 파심波心의 근본에는 대해大海가 있음을 알지 못하고 산이 각각 다르고 물이 각각 다른 줄을 알게 된다. 산山은 산이요 수水는 물이라는 이치로 이러한 뜻에서 헤아려 볼 수 있다. 모든 진리는 본체인 청정법신으로 돌아가는 마음을 가질 때 평등심이 생겨 실상반야의 이치를 깨닫게 된다.

  佛祖垂慈實有權　言言不離此經宣
  불조수자실유권　언언불리차경선

  此經出處還相委　便向空中駕鐵船
  차경출처환상위　편향공중가철선

  切忌錯會
  절기착회

불조佛祖가 자비를 드리워

실다운 방편을 두셨네

말씀 말씀들이

경經을 여의지 않고 베풀어 주시니
이 경의 출처를
자세히 알겠는가
바로 허공 속을 향하여
철선鐵船을 타야 하나니라.
간절하다 그릇 알까 염려되네

　금강경을 설하신 것은 부처님이 자비를 드리워 중생을 깨우치려는 방편에 지나지 않는다.
　그러므로 방편의 말씀인 경구는 어디에서 나왔는가. 이러한 이치를 알게 되면 허공을 향해 무거운 철선鐵船을 띄울 수도 있다.
　그러나 대개 중생들은 잘못된 견해를 가지고 방편에 치우치기 쉽다. 금강경이 어디에서 나온 것임을 알 수 있는 것은 마치 달이 파심波心에 있지 않고 언제나 원만한 모습을 허공에 갖추고 있음을 알 때만이 가능하다.

　　수보리야 소위 불법이라 하면 곧 불법이 아닌 것이니라.

　須菩提 所謂 佛法者 卽非佛法
　수보리 소위 불법자 즉비불법

能將蜜果子 換汝苦胡蘆
능장밀과자 환여고호로

능히 꿀과자 가지고
그대 쓴 호로와 바꾸네

불법佛法이 비불법非佛法이라는 말은 단맛 나는 과자를 가지고 쓰디쓴 오이와 바꾸는 것과 같다고 한다. 이것은 부처의 편에서 중생을 위하는 것이다. 불법과 불법이 아닌 차별상은 두 집착을 여의기 위함이니 이것은 어린아이의 울음을 달래기 위해 단맛 나는 과자를 들고 쓴 오이와 바꾸는 것이다.

佛法非法 能縱能奪
불법비법 능종능탈

有放有收 有生有殺
유방유수 유생유살

眉間常放白毫光 痴人猶待問菩薩
미간상방백호광 치인유대문보살

불법 비법이여
주기도 하고 빼앗기도 하네
놓기도 하고 거두기도 하여
살리기도 하고 죽이기도 하네

언제나 눈썹 사이에
　　백호광을 놓건만
　　어리석은 사람들
　　오히려 보살께 질문하네

　사람마다 누구나 일쌍미一雙眉가 있으니 그 미간에서 언제나 백호의 광명이 빛나고 있음을 알게 되면 불법佛法 비법非法이 둘이 아닌 일원一圓을 얻게 된다. 이러한 원광圓光이 능히 주기도 하고 빼앗기도 하며 살리고 죽이는 것을 자재하게 될 것이다. 또한, 따로 보살에게 불법과 비법을 묻지 않게 될 것이다.

　부처님의 가르침은 경구를 통해서 자성불自性佛을 깨달아야 차별하지 않는 참지혜를 얻게 된다는 것이다.

09
一相無相分
일상무상분

일상에는
본래 사과에
만족하는 상이 없다

수보리야 너의 뜻은 어떠한가. 수다원이 능히 생각하되 내가 수다원 과를 얻었다 하겠는가?

수보리가 말하되 그렇지 않습니다. 세존이시여, 왜냐하면 수다원은 이름하여 입류入流라고 하지만 입入한 바가 없으며 색성향미촉법色·聲·香·味·觸·法에 입入하지 않으므로 이름이 수다원이라 할 뿐입니다.

수보리야 너의 뜻은 어떠한가. 사다함이 능히 생각하되 내가 사다 함과를 얻었다고 하겠는가?

수보리가 말하되 그렇지 않습니다. 세존이시여 왜냐하면 사다함은 이름이 일왕래一往來이지만, 실로 왕래한 것이 없으므로 이름이 사다함일 뿐입니다.

수보리야 너의 뜻은 어떠한가. 아나함이 능히 생각하되 내가 아나함 과를 얻었다고 하겠는가?

수보리가 말하되 그렇지 않습니다. 세존이시여.

왜냐하면, 아나함은 이름이 불래不來라 하지만 실로 불래한 것이 없 습니다. 그러므로 이름이 아나함이라 할 뿐입니다.

須菩提 於意云何 須陀洹 能作是念 我得 須陀洹果不

須菩提言 不也 世尊 何以故 須陀洹 名爲入流 而無所入

不入色聲香味觸法 是名須陀洹

須菩提 於意云何 斯陀含 能作是念 我得斯陀含果不

須菩提言 不也 世尊 何以故 斯陀含 名一往來 而實無往來 是名斯陀含

須菩提 於意云何 阿那含 能作是念 我得阿那含果不

須菩提言 不也 世尊 何以故 阿那含 名爲不來 而實無不來 是故 名阿那含

수보리 어의운하 수다원 능작시념 아득 수다원과부

수보리언 불야 세존 하이고 수다원 명위입류 이무소입

불입색성향미촉법 시명수다원

수보리 어의운하 사다함 능작시념 아득사다함과부

수보리언 불야 세존 하이고 사다함 명일왕래 이실무왕래 시명사다함

수보리 어의운하 아나함 능작시념 아득아나함과부

수보리언 불야 세존 하이고 아나함 명위불래 이실무불래 시고 명아나함

諸行無常 一切皆苦
제 행 무 상 일 체 개 고

움직이는 모양 모든 것은 덧없는 것

일체가 모두 괴로운 것이라네

첫째 수다원須陀洹이란 역류逆流라는 뜻이 된다. 중생의 입장에서 생사의 흐름에 따르지 않고 육진경계六塵境界에 물들지 않으므로 성류聖流라고도 하며 성인의 입장에서 입류入流가 된다.

육진번뇌六塵煩惱를 끊고 수행하는 첫 번째 과위果位가 되는 것이며

둘째 사다함斯陀含이란 일래一來라고도 한다.

욕계欲界에서 육품六品의 수혹修惑을 끊고 명이 다하면 한 번 천상에 갔다가 한 번 인간에 와서 과위果位를 증득하는 것이므로 일왕래一往來라고 한다.

셋째 아나함阿那含이란 불래不來, 또는 불환不還이라고도 하며 욕계 구품수혹欲界九品修惑을 끊고 명이 다하여 천상에 한 번 가게 되면 다시는 하계에 오지 않으므로 불래不來의 과위를 얻었다고 하는 것이다.

이와 같은 과위를 얻었지만, 모두가 얻었다는 생각이 끊어졌으므로 이름하여 입류入流 · 일래一來 · 불래不來라고 할 수 있다는 것이다.

그런데 야부 스님은 이러한 과위를 닦는 것도 무상의 이치를 벗어나지 못하므로 고인苦因을 완전히 뽑아버린 귀일묘공歸一妙空의 위位에는 미치지 못한다고 했다. 중생이 닦아가는 방편이 이러한 과위果位라고 할 수 있다. 그러나 과위에 집착하면 사바의 고통을 면할 수 없다. 집착을 끊을 때 텅빈 관조반야를 깨닫게 되는 것이다.

三位聲聞已出塵 往來求靜有疏親
삼위성문이출진 왕래구정유소친

明明四果元無果 幻化空身卽法身
명명사과원무과 환화공신즉법신

삼위三位의 성문이

육진경계六塵境界 벗어났지만

왕래往來에 고요함靜을 구하니

소친疎親이 남아 있네

분명하고 분명한 것은

원래 사과四果가 없으니

아지랭이 같은 빈 몸이

곧 법신이라네

중생계의 번뇌는 능히 끊어 벗어났으나 입멸入滅의 소疎 하고 친親함이 아직 남아 있으므로 사과四果를 나누게 된다. 그러나 과위果位란 깨달음의 방편일 뿐 원래 과위가 있는 것이 아니다. 따라서 경계에 몸담고 있는 환화幻化와 같은 공신空身이 바로 법신임을 깨달아야 한다.

법신의 자리에는 혼융混融하고 평등하여 구정소친求靜疎親의 차별을 짓지 않는다. 그러나 중생은 고요함을 찾고 소원함과 친근함의 차별상을 짓기 때문에 깨닫지 못하는 것이다.

수보리야 너의 뜻은 어떠한가. 아라한이 능히 생각하되 내가 아라한의 도道를 얻었다고 하는가?

수보리가 말하되 그렇지 않습니다. 세존이시여 왜냐하면, 실로 법에서는 아라한이라 이름할 것이 없습니다.

세존이시여 만약 아라한이 이런 생각하기를 내가 아라한의 도를 얻었다하면 곧 아·인·중생·수자에 집착하는 것이 되기 때문입니다.

세존이시여, 부처님께서 말씀하시기를 내가 무쟁삼매無諍三昧를 얻

어서 사람 가운데 가장 제일이 된다. 이 제일이란 욕심을 여읜 아라
한이라 하셨으니

須菩提 於意云何 阿羅漢 能作是念 我得阿羅漢道不
須菩提言 不也 世尊 何以故 實無有法 名阿羅漢 世尊 若
阿羅漢 作是念 我得阿羅漢道 卽爲着我人 衆生壽者
世尊 佛說 我得無諍三昧 人中 最爲第一 是第一 離欲阿羅漢
수보리 어의운하 아라한 능작시념 아득아라한도부
수보리언 불야 세존 하이고 실무유법 명아라한 세존 약
아라한 작시념 아득아라한도 즉위착아인 중생수자
세존 불설 아득무쟁삼매 인중 최위제일 시제일 이욕아라한

把定則雲橫谷口
파정즉운횡곡구

放下也月落寒潭
방하야월락한담

정定을 잡으면

구름이 곡구谷口에 흩어지고

놓아버리면

달이 찬 연못에 떨어지네

아라한阿羅漢을 무쟁삼매無諍三昧라고 하는 것은 일체 번뇌가 없기 때문에 끊을 것도 없고 탐진貪瞋을 여읠 것도 없다는 뜻이다.

삼매란 정견正見의 뜻으로서 일체 번뇌를 끊었다는 생각조차 끊어진 자리에 있으므로 바른 소견이 된다.

또한 부처님께서 무쟁삼매無諍三昧를 인중人中에 제일이라 하신 것은 능히 중생으로 하여금 번뇌를 일으키지 않게 하므로 부처님께서 수보리를 이욕離欲의 제일인자第一人者라 칭찬하시기도 하였다.

그런데 야부 스님은 과위果位를 얻는다는 생각이 끊어지는 것은 구름이 곡구谷口에 흩어지고 달이 서늘한 연못에 떨어져도 그 뿌리가 없는 것과 같다고 하였다.

따라서 파정把定은 삼매에 드는 것이고 방하放下는 번뇌를 끊는 것이지만 본래는 실체가 없는 줄 알아야 하므로 파정이니 방하니 하는 따위의 생각조차 삼천리 밖으로 소진掃盡해야 참다운 아라한의 과위를 얻는 것이 된다.

喚馬何曾馬 呼牛未必牛
환마하증마 호우미필우

兩頭都放下 中道一時休
양두도방하 중도일시휴

六門迸出[26]遼天鶻[27] 獨步乾坤總不收

---

26 병출迸出 : 물이 용솟음치는 모습. 또는 힘있게 뿜아내는 모습.

27 요천골遼天鶻 : 매 종류로 높이 나는 새.

육문병출요천골 독보건곤총불수

말이라 부른다고 어찌 말인가
소라 부른다고 반드시 소가 아닐세
두 모습 모두 놓아버리고
중도도 일시에 쉬어야 하네
육문六門에 요천遼天의 골鶻을
쏟아내어
하늘과 땅에 독보獨步하니
모두 거둘 수 없네

   본래 과위果位가 없다고 하였으니 마馬란 사람이 붙인 이름일 뿐 본래의 모습은 말이 아니다.
   우牛도 또한 마찬가지다. 그렇다고 과위에 들었다는 생각까지도 놓아야 한다고 하였으니 중도中道의 뜻도 놓아야 시간과 공간에 구속되지 아니하고 자유롭게 임운任運할 수 있다는 것이다.
   요천골遼天鶻이란 매 종류의 새 이름으로 높이 날아 해를 쪼아먹는다고 한다. 따라서 시공時空을 초월한다는 뜻이며 시공을 초월하게 되면 하늘과 땅에 자재하여 우주가 감히 수장收藏하지 못한다는 것이다.
   육문이란 육근문두六根門頭[28]로써 유형有形의 인식자認識者를 말하

---

28 육근문두六根門頭 : 여섯 가지의 감각기능을 갖춘 사람 즉, 안 · 이 · 비 · 설 · 신 · 의 眼耳鼻舌身意를 말함.

는 것이니 안이비설신의眼耳鼻舌身意를 일컫는 것이다.

저는 생각하되 욕심을 여읜 아라한이라 하지 않습니다.
세존이시여 내가 만약 생각하되 내가 아라한도를 얻었다 하면 세존
께서는 수보리가 아란나행阿蘭那行을 좋아하지 않을 것이라 하셨겠
지만 수보리는 실로 그렇게 행한 바가 없기 때문에 이름하여 수보리
가 아란나행을 좋아한다고 하셨습니다.

我不作是念 我是離欲阿羅漢
世尊 我若作是念 我得阿羅漢道
世尊 卽 不說 須菩提 是樂阿蘭那行者
以須菩提 實無所行 而名 須菩提 是樂阿蘭那行
아부작시념 아시이욕아라한
세존 아약작시념 아득아라한도
세존 즉 불설 수보리 시요아란나행자
이수보리 실무소행 이명 수보리 시요아란나행

認着依前還不是
인 착 의 전 환 불 시

오인하여 집착하면
앞을 의지해 도리어 옳지 못하네

아란나행阿蘭那行은 무쟁행無諍行의 뜻이다. 다툼이 없는 이름으로 인하여, 다툼이 없는 실상을 알고 다툼이 없다는 생각까지도 잊어야 한다. 그런데 잘못 집착하게 되면 무쟁행에 집착해서 다툼이 없는 행을 좋아한다면 전前을 의지한 결과가 되어 결정코 옳지 못한 것이 된다. 깨닫기까지의 과위도 중요하지만 과위를 얻었다는 생각까지도 잊어야 진정한 깨달음이 되는 것이다.

蚌腹隱明珠 石中藏碧玉
방복은명주 석중장벽옥

有麝自然香 何用當風立
유사자연향 하용당풍립

活計看來恰似無 應用頭頭皆具足
활계간래흡사무 응용두두개구족

조개 속에 구슬이 숨어 있고

돌 가운데 벽옥이 숨었네

사향노루 있어 향기 나니

무슨 바람 따로 피우는가

살아있는 계책으로 보면

없는 듯하나

응용해 보면

모두가 구족하네

밝은 구슬과 푸른 옥은 숨어 있어 드러나지 않는 것과 같이 대지大智를 갖춘 사람은 오히려 치열痴劣하게 보일 수도 있다. 무쟁행無諍行을 실로 좋아한다고 하지 않는 수보리가 어리석게 보이지만 좋아하면서도 좋아하지 않는 마음을 보인 것은 조개 속에 구슬이 숨어 있고 돌 속에 푸른 옥이 있는 것과 같다.

그러므로 이름이 수보리가 무쟁행을 좋아한다고 하는 것이다.

금강경의 모든 문장구성이 긍정에서 부정으로 그다음 긍정도 아니고 부정도 아닌 이름만 남게 되는 중도를 드러내는 것이다.

이것이 문자반야를 통해서 실상반야를 얻게 되고 실상의 이치를 깨닫고 나면 깨달음의 생각까지도 잊게 되고 오로지 명자名字만 남을 뿐이라는 것이다.

모든 생명의 존재 속에는 사향 같은 향기를 저마다 뿜고 있으니 따로 바람을 풍길 필요가 없고 능행能行의 힘을 쏟아내려면 무한한 에너지가 본래 다 구족하여 있다.

10

莊嚴淨土分

장엄정토분

정토를
장엄하는 것은
무주의 마음이
있어야 한다

부처님께서 수보리에게 이르시되 너의 생각은 어떠한가. 여래가 옛적에 연등부처님의 처소에 있어 법法에 얻은 바가 있었겠느냐 없었겠느냐? 없었습니다, 세존이시여.
여래께서 옛적에 연등부처님의 처소에 있으면서 법法에 실로 얻은 바가 없었습니다.

佛告 須菩提 於意云何 如來 昔在燃燈佛[29]所 於法 有所得不 不也 世尊 如來在 燃燈佛所 於法 實無所得
불고 수보리 어의운하 여래 석재연등불 소 어법 유소득부 불야 세존 여래재 연등불소 어법 실무소득

古之今之
고지금지

옛날이 이제라네

부처님의 물음에 얻은 바가 없다고 대답한 수보리의 마음은 옛적이나 이제나 똑같기 때문에 옛날이 이제며 이제가 옛날이 된다.

---

29 연등불燃燈佛 : 석가모니 부처님이 출현하기 전에 나타난 부처님이다. 특히 석가모니 부처님께서 과거 인행시因行時에 후세에 장차 성불成佛할 것이라고 수기授記를 준 부처님이기도 하다.

▽

　　一手指天 一手指地
　　일수지천 일수지지

　　南北東西 秋毫不視
　　남북동서 추호불시

　　生來心膽大如天 無限群魔倒赤幡
　　생래심담대여천 무한군마도적번

한 손은 하늘을 가리키고

한 손은 땅을 가리키니

남북동서에

털끝만큼도 보이지 않네

나면서 심장 간담이

하늘처럼 크고

한없는 마군의

붉은 깃대 꺾었네

　한 손은 하늘을 가리키고 한 손은 땅을 가리킨 것은 석가모니 부처님이다.

　태어나면서 동서남북 일곱 걸음 걸으시고 천상천하天上天下 유아독존唯我獨尊이라 하였으니 이것은 무슨 뜻일까.

　이 세상에 오셔서 무수한 마구니를 항복 받았고 무량한 중생을 교화하셨으니 보통 그릇이 크지 않고는 할 수 없는 일이다.

그런데 이러한 부처님이 과거 연등부처님의 처소에서 진리를 얻은 것이 있는가를 수보리에게 물었더니 수보리는 실로 얻은 바가 없다고 하였다.

만약 얻었다는 생각을 갖게 되면 집착執着을 벗어날 수 없다. 그렇다고 전혀 얻은 바가 없다는 것은 부정적인 단견斷見에 떨어지게 된다.

따라서 얻었으나 실로 얻은 바가 없지만 이름이 얻은 바라는 것이다. 이것이 수보리의 본마음과 부처님의 마음이 합하여 중도를 나타내기 위함이다. 이처럼 수보리는 부처의 입장에서 답하고 때로는 중생의 입장에서 대답하기도 한다. 모두가 중생을 참지혜의 길로 이끌기 위한 방편이다.

수보리야 너의 뜻은 어떠한가. 보살이 불토佛土를 장엄했는가, 하지 않았는가? 하지 않았습니다. 세존이시여.
왜냐하면, 불토佛土를 장엄했다 하면 그것은 장엄이 아닙니다. 이름이 장엄일 뿐입니다.

須菩提 於意云何 菩薩 莊嚴佛土不 不也 世尊
何以故 莊嚴佛土者 卽非莊嚴 是名莊嚴
수보리 어의운하 보살 장엄불토부 불야 세존
하이고 장엄불토자 즉비장엄 시명장엄

孃生袴子 靑州布衫
양생고자 청주포삼

어머니가 만든 바지
청주의 베적삼이라네

　어머님이 손수 만든 바지는 순일무잡純一無雜한 것이다. 보살이 불토를 장엄하는 것은 이와 같이 조건 없는 어머님의 마음과 같은 것이다.
　또한, 청주땅 베적삼은 예로부터 검소하고 순박하게 보이지만 그 질감은 어느 베적삼보다도 뛰어나다는 것이다.
　보살이 불토를 장엄한다는 것은 화려한 외모가 아니라 보이지 않는 베적삼의 질감처럼 장엄한 것이다.
　장엄이란 검소하게 보이고 순박하게 느껴지면서도 본바탕이 끈끈하고 부드럽고 은근한 느낌을 주어 모든 사람의 마음에 환희심을 낳게 하는 것이다.

抖擻[30]渾身白勝霜 蘆花雪月轉爭光
두수 혼신백승상　로화설월전쟁광

幸有九皐翹足[31]勢 更添朱頂又何妨
행 유 구 고 요 족 　세 　갱 첨 주 정 우 하 방

30　두수抖擻 : 범어로 dhûta라고 하며 수치修治라는 뜻도 된다. 일반적으로 두타행頭陀行을 한다는 것은 혼신의 힘을 다하여 수행하는 것을 일컬음.
31　교족翹足 : 학이 한쪽 다리를 숨기고 고요히 기다리는 모습.

수행한 온몸이

　　깨끗하기가 서리보다 낫고

　　눈같이 하얀 갈대꽃 눈 속의 달

　　서로가 빛을 다투네

　　다행히 아홉 길 굽이마다

　　기다리鶴企는 모습이여

　　이마에 붉은 점 붙인들

　　무엇이 방해롭겠는가

　부처님께서 두타행頭陀行을 하신 것은 중생세계를 장엄하기 위한 것인 만큼 그 깨끗한 모습이 흰서리보다 수승하다고 했다.
　이처럼 순수한 모습에 비견할 만한 갈대꽃이나 눈 내린 밤 달빛이 아름다운 것은 아름다운 마음씨로 불토를 장엄하는 사람들에게 느껴지는 것이다.
　아홉 굽이에서 학이 앉기를 기다렸다는 옛 설화와 같이 중생이 일찍이 장엄한 불토와 장엄하는 보살을 기다렸으니 이를 위해 부처님의 이마에 백호의 광명을 발하는 주점朱點은 큰 허물이 될 것이 없다는 것이다.
　형상形相을 장엄하여 반야를 장엄하고 실상實相에는 아무런 장엄도 없고 이름만이 장엄임을 나투기 위한 것이 부처님과 수보리의 마음이다.

이러므로 수보리야 모든 보살마하살이 응당 이와 같이 청정한 마음을 낼지니 응당 모습에 머물러 마음을 내지 말며 응당 성향미촉법에 머물러 마음을 내지 말지니라.

是故 須菩提 諸菩薩摩訶薩 應如是生淸淨心 不應住色生心
不應住聲香味觸法生心
시고 수보리 제보살마하살 응여시생청정심 불응주색생심
불응주성향미촉법생심

雖然恁麼 爭奈目前何
수연임마 쟁나목전하

비록 이렇다고 하면
눈앞에 현상은 어찌할꼬

사람이 가지고 있는 육신 속에 여섯 가지의 감각기능인 눈·귀·코·혀·몸·의식으로써 마음을 내지 말라고 하니 그렇다면 목전에 펼쳐진 사물을 어떻게 보아야 방해롭지 않겠는가.
이러한 견해를 가진 사람을 위해서 야부 스님은 송頌을 읊고 있다.

見色非干色 聞聲不是聲

견 색 비 간 색 문 성 불 시 성

色聲不碍處 親到法王城
색성불애처 친도법왕성

모습 보고 모양에 간섭 않고
소리 듣고도 소리가 아니니
모습 소리가 장애롭지 않는 곳
친히 법왕성에 이른다네

눈 앞에 펼쳐진 모든 사물은 거울 속의 그림자처럼 실체가 없다. 그것은 마음의 분명한 실체를 알게 되면 육신이 가지고 있는 감각기능의 작용임을 알게 된다.

따라서 실체 없는 외경外境에 마음을 내어서 집착을 일으켜서는 안 된다. 오로지 자심自心의 본체를 바로 보게 되면 모습과 소리에 따라 마음을 일으키지 않게 되고 이런 사람이 불혹不惑의 마음으로 어딜 가도 밖의 경계에 빠지지 않기 때문에 비로자나불인 청정 법신처에 간다고 한들 무슨 방해가 되겠는가.

응당 머무른 바 없이 마음을 낼지니라

應無所住 而生其心
응무소주 이생기심

▽
退後退後
퇴후퇴후

看看
간간

頑石動也
완석동야

뒤로 물러서고 뒤로 물러서서
보고 보라
완석이 움직이네

　여섯 가지 감각기능에 의하여 사물을 보는 것이 아니라 보이지 않는 마음으로 볼 때 여섯 가지 감각기능이 실체가 없음을 알게 되고 돌은 움직이는 것이 아닌데도 움직이는 부질없음을 깨닫게 된다. 그러므로 잘 살펴보고 살펴봐야 한다. 마음은 언제나 육신 속에 담겨져 있지만 육체의 오관 기능이 작용을 일으키는 것이 아니라 마음의 작용임을 알아야 한다. 그러므로 조용히 관조하는 마음이 있어야 집착 없이 마음을 낼 수 있는 것이다. 관조 반야는 끊임 없이 반복적으로 자신을 관찰하는 가운데 나타나는 참지혜이다.

山堂靜夜坐無言 寂寂寥寥本自然

산당정야좌무언 적적요요본자연
何事西風動林野 一聲寒雁唳長天
하사서풍동임야 일성한안려장천

산당山堂 고요한 밤

조용히 앉아 말 없으니

적적하고 요요하여

본래 자연 그대로네

무슨 일일까

하늬바람 숲풀에 일어

한소리 찬 기러기 날아

높은 하늘에 우는가

　본래 마음 낸다고 할 일 없는데 색상色相에 주住하 는 바 없이 마음을 내라고 한 것은 바람이 숲 속에 일어나 나뭇가지를 흔드는 것 같고 찬 기러기가 북쪽을 날면서 울음을 소리 내는 것과 다름 아니라는 것이다.

　색상에 주하지 아니하고 마음을 낼 수 있는 것은 실은 낼 것이 없다는 깨우침을 암시하고 있다. 그렇다고 무심無心해 버린다면 바람과 나무와 기러기와 하늘이 상관없는 듯 되어 버린다.

　그러나 현실은 나무와 바람이 만나 소리를 내고 하늘이 있어 기러기 높이 날아 울음 지을 수 있듯이 부처님과 수보리의 만남은 이처럼 조화를 만들어 내는 것임을 알아야 한다. 이것이 중생을 위해서 부처님과 수보리가 법문을 연출하는 것이다.

수보리야 비유컨대 어떤 사람 몸이 수미산왕만큼 하다면 너의 뜻은 어떠한가? 이 사람의 몸집이 크다고 하지 않겠는가? 수보리가 말하되 심히 크다고 하겠습니다, 세존이시여. 왜냐하면, 부처님께서 말씀하신 것은 몸이 아니라는 것을, 이것을 이름하여 큰 것이라고 하셨기 때문입니다.

須菩提 譬如有人 身如須彌山[32]王 於意云何 是身 爲大不
須菩提言 甚大 世尊 何以故 佛說非身 是名大身
수보리 비여유인 신여수미산왕 어의운하 시신 위대부
수보리언 심대 세존 하이고 불설비신 시명대신

設有 向甚麽處着
설유 향심마처착

설사 있다고 한들
어느 곳을 향해 집착해야 할까?

---

32 수미산須彌山 : 인도의 전설적인 큰 산으로 우주 공간을 말할 때 제일 위에 풍륜風輪이 있으며, 그 위에 수륜水輪이 있고, 그 위에 금륜金輪이 있으며, 그 위에 일곱 개의 산과 여덟 개의 바다가 있어 그 중심이 되는 산을 수미산이라고 한다는 것이다. 다시 말해서, 우주에서 제일 높고 큰 산으로 산꼭대기에 제석천이 있고, 중턱에 사왕천이 있으며, 산 아래 인간이 머무는 사대주四大洲가 있다고 한다.

드러난 모습이 크게 보이지만 안으로 마음이 작은 것을 결코, 작다고 할 수 없다는 것이다.

그러므로 드러난 모습만을 보고 크다는 것은 큰 것이 아니며 이름만이 크다는 뜻일뿐이다.

만약 큰 몸이 있다고 한다면 그 몸은 언젠가는 변하여 없어지는 유한성有限性이기 때문에 끝내는 집착할 것이 못 된다는 것이다. 육체가 크다고 담겨진 마음도 큰 것은 결코 아니다. 마음은 육체 속에 담겨져 있다 하더라도 묘용妙用의 변화에 따라 헤아릴 수 없이 무한광대無限廣大하다.

擬把須彌作幻軀 饒君擔大更心麤
의파수미작환구 요군담대갱심추

目前指出千般有 我道其中一也無
목전지출천반유 아도기중일야무

便從這裏入
편종저리입

수미산을 잡아내어

환구幻軀를 삼으니

넉넉한 그대여 담력이 크고

심장이 거칠기도 하네

눈앞에 천 가지 있음을

가리켜 낸다면

나는 그 가운데

하나도 없다고 하리.

바로 이 속을 따라

들어갈지어다.

수보리가 부처님의 물음에 비신非身이 이름하여 대신大身이 된다고 한 것은 보통 간이 크고 심장이 아주 거친 사람이 아니라면 대답할 수 없음을 야부 스님은 선시로 읊고 있다.

금강경의 뜻을 잘못 알게 되면 비신非身이 대신大身임을 착각하기 쉽기 때문에 야부 스님은 오히려 하나도 크다 할 것이 없다고 말하면서 이러한 뜻을 따라가야 한다는 것을 일러 주고 있는 것이다.

즉 부처님과 수보리의 문답에 따라가다 보면 언설에 집착하기 때문에 본래 하나도 없는 절대의 경지를 엿볼 수 있어야 한다는 것이다.

11
無爲福勝分
무위복승분

수승한 복은
물질적 보시 공덕이
아니라
마음을 깨우쳐주는
무위복이 되어야 한다

수보리야 항하 가운데 있는 모래알의 수와 같이 이런 항하가 있다고
한다면 네 뜻은 어떠한가. 이런 항하의 모래알의 수가 많다고 하지
않겠는가? 수보리가 말하되 심히 많습니다, 세존이시여, 다만 모든
항하의 수도 많아서 오히려 헤아릴 수 없는데 어찌 하물며 그 모래
알이겠습니까?

須菩提 如恒河中 所有沙數 如是沙等恒河 於意云何 是諸恒河沙
寧爲多不
須菩提言 甚多 世尊 但諸恒河 尙多無數 何況其沙
수보리 여항하중 소유사수 여시사등항하 어의운하 시제항하사
영위다부
수보리언 심다 세존 단제항하 상다무수 하황기사

前三三 後三三
전삼삼 후삼삼

앞도 삼삼
뒤도 삼삼이라네.

사람이 가진 생각으로는 도저히 헤아릴 수 없는 항하의 수와 그
숫자 속의 모래알을 어떻게 헤아릴 수 있겠는가.
　이것은 전후가 같은 뜻이므로 야부 스님은 삼삼三三이라고 했다.

삼삼의 숫자는 수의 논리로 풀 수 없는 것이다. 따라서 의식으로 헤아릴 수 없는 이 글귀 속에 천天과 지地, 일日과 월月, 만상萬像과 삼라森羅, 성性과 상相, 공空과 유有, 명明과 암暗, 살殺과 활活, 범凡과 성聖, 인因과 과果의 명수名數가 모두 차별 없이 일체성임을 나툰 것이므로 앞이나 뒤나 차별을 두지 않음을 밝히고 있는 것이다.

一二三四數河沙 沙等恒河數更多
일이삼사수하사 사등항하수갱다

算盡目前無一法 方能靜處薩婆[33]詞
산진목전무일법 방능정처살바 하

일이삼사의 숫자로 헤아리는

항하의 모래알이여

모래 수만큼 항하

많기도 하여라

헤아리고 헤아려

눈앞에 한 법도 헤아릴 것 없으면

바야흐로 능히 고요한 곳에

살바하 한다네

---

33 살바하薩婆詞, Svâhâ : 성취의成就義 또는 속성취速成就라 번역한다.

모든 법이 무변하지만 끝없는 법 속에 무량無量한 이법異法이 있음을 알아야 한다.

드러난 모습은 숫자로 헤아릴 수 있지만 드러나지 않는 마음은 일용에 사용하여도 부족함이 없는 것이다. 재시財施와 법시法施의 차이가 이와 같음을 말하기 위해서 항하를 비유로 든 것이다.

따라서 헤아리고 헤아려도 끝 간데없는 줄을 알 때 비로소 실상의 고요한 자리에서 대지혜의 광명을 속히 성취할 수 있다는 것이다.

수보리야 내가 이제 진실한 말로 너에게 이르나니 만약 어떤 선남자 선여인이 일곱 가지 보배로써 저 항하의 모래 수만큼 한 삼천대천세계에 가득히 모아 보시를 하는 데 사용한다면 복을 얻을 수 있는 것이 많다고 하겠는가? 수보리가 말하되 심히 많습니다. 세존이시여. 부처님이 수보리에게 이르시되 만약 선남자 선여인이 이 경 가운데 내지 사구게四句偈 등을 받아 가져 다른 사람을 위해 해설해 준다면 이 복덕이 앞전의 복덕보다 수승한 것이 되나니라.

須菩提 我今實言 告汝 若有善男子 善女人 以七寶 滿爾所恒河沙數 三千大千世界 以用布施 得福多不 須菩提言 甚多 世尊 佛告 須菩提 若善男子 善女人 於此經中 乃至受持 四句偈等 爲他人說 而此福德 勝前福德

수보리 아금실언 고여 약유선남자 선여인 이칠보 만이소항하사수 삼천대천세계 이용보시 득복다부 수보리언 심다 세존 불고 수보리 약선남자 선여인 어차경중 내지수지 사구게등 위타인설 이차복덕 승전복덕

▽

眞鍮不換金
진유불환금

진짜 놋쇠라 해도
순금과 바꾸지 않네

순수 놋쇠라 해도 어디까지 놋쇠에 지나지 않으므로 금성金性에 비유할 수 없다. 이와 마찬가지로 칠보七寶의 보시공덕이 큰 것만은 사실이지만 어찌 금강경의 문자반야文字般若를 가지고 많은 중생의 마음을 깨우쳐 주는 지경持經공덕에 비유할 수 있겠는가. 이것이 물질적 보시 공덕과 마음으로 짓는 법보시와의 차이라고 할 수 있다.

▽

入海算沙徒費力 區區未免走紅塵
입해산사도비력 구구미면주홍진

爭如運出家珍寶 枯木生花別是春
쟁여운출가진보 고목생화별시춘

바다 들어가 모래알 헤아리는 것
힘만 소비할 뿐이라네
구구하게 홍진紅塵 세계 쫓아감을
면하지 못하나니

어찌하여 자가自家의 참보배

운반해 내어

마른 나뭇가지에 꽃피우는

특별한 봄만 같을 것인가

   무주상無住相의 법시공덕法施功德을 잃어버리고 칠보의 재시공덕財施功德을 쌓아가는 것은 근본을 버리고 풍파風波를 쫓는 것과 같다. 이것은 유루有漏의 인因을 면하기 어려운 것이며 자기의 심등心燈을 밝히는 것만 못하다. 그러므로 사람마다 근본 심성을 밝히는 것은 마른 나뭇가지에 꽃이 피어 춘색春色이 더욱 아름답게 돋보이는 것과 같은 것이다. 그렇다고 해서 재시財施를 하지 말라는 것이 아니라 물질적 보시로 얻어지는 공덕에 집착을 내서는 안 된다는 것이다.

12

尊重正教分
존중정교분

부처님의
바른 가르침을
존중해야 한다

다시 수보리야 이 경을 따라 해설하되 내지 사구게 四句偈 등을 말한다면 마땅히 알라. 이곳은 일체세간 천인 아수라가 응당 공양하기를 부처님의 탑묘와 같이 할 것이니
어찌 하물며 어떤 사람이 능히 받아 가져 읽어 외울 뿐이겠는가?
수보리야 마땅히 알라 이런 사람은 가장 높고 제일이며 희유한 법을 성취하게 될 것이니라. 만일 이 경전이 있는 곳에는 곧 부처님과 존중하는 제자들이 있게 되는 것이니라.

復次 須菩提 隨說是經 乃至 四句偈等 當知此處 一切世間天人 阿修羅 皆應供養 如佛塔廟 何況有人 盡能 受持讀誦
須菩提 當知是人 成就 最上第一希有之法 若是經典 所在之處 卽爲有佛 若尊重弟子
부차 수보리 수설시경 내지 사구게등 당지차처 일체세간천인 아수라 개응공양 여불탑묘 하황유인 진능 수지독송
수보리 당지시인 성취 최상제일희유지법 약시경전 소재지처 즉위유불 약존중제자

合如是
합여시

합당함이 이와 같음이여

부처님께서 사구게四句偈를 타인을 위해 설해주는 공덕을 더욱 자세히 설명해 준다.

다시 말하면 금강경이 있는 곳에는 수많은 중생이 부처님의 처소에 공양을 올리듯 하고 받아 가져 읽고 외우는 공덕을 쌓게 되면 금강경의 희유한 법을 깨닫게 되고 이 경전이 있는 곳에 부처님은 물론 존중하는 제자들이 반드시 있게 된다고 하셨으니 이런 이치는 합당한 말씀이기 때문에 이와 같다고 야부 스님은 말씀하고 있다.

또한 열고開 덮는覆 것을 자유롭게 하고 은거隱居하고 출현出現하는 것에 장애로움이 없으니 비유컨대 백운白雲이 청산靑山에 있고 청산이 백운을 포용함에 서로가 장애 받지 않는 것과 같은 것이다. 이 모든 것이 무심으로 이루어지기 때문이다.

似海之深 如山之固
사 해 지 심 여 산 지 고

左旋右轉 不去不住
좌 선 우 전 불 거 부 주

出窟金毛獅子兒 全威哮吼衆狐疑
출 굴 금 모 사 자 아 전 위 효 후 중 호 의

深思不動干戈處 直攝天魔外道歸
심 사 부 동 간 과 처 직 섭 천 마 외 도 귀

바다 깊음과 같고
산의 견고함과 같네

좌로 돌고 우로 굴려도

가지도 않고 머무르지 않네

굴속에서 나온

금 털 달린 사자 새끼여

온전한 위엄으로 소리 지르니

모든 여우가 놀라 의심하네

깊이 생각하나니

방패 창을 쓰지 않는 곳

바로 천마 외도를

포섭해 돌아오네

부처님의 이 한 말씀은 보이는 형상形相으로 말하면 바다의 깊이와 산의 단단한 모습과 같고 무애자재無碍自在하여 무서운 사자의 울음에 많은 여우 짐승들이 놀라듯이 끝없는 마군중생들이 이 경구의 말씀에 놀라지 않을 수 없다.

이것은 금강경의 요체를 말씀하신 것이기에 전쟁터에서 졸병들이 방패와 창을 들고 싸우기도 전에 상대의 적군을 항복 받아 돌아오듯 또 다른 주석을 달아 설명하기 전에 천마군과 외도들을 항복 받기에 충분한 말씀이다.

사구게四句偈를 수지독송하는 곳에는 모든 중생들이 공양하고 공경하기를 부처님과 같이 한다고 하였으니 경문經文의 참뜻을 헤아려 보아야 한다. 다시 말해서 칠보라는 물질은 성품이 없어 인간의 욕심을 갖게 하지만 경문을 읽어 외우는 사구게의 공덕은 참지혜를 밝혀 주는 문자반야文字般若의 성품이 살아나게 하기 때문이다.

13

如法受持分
여법수지분

부처님의 법을 받아
가질 때는 문자에
집착하지 않는 것이
여법한 것이다

그때 수보리가 부처님께 사뢰어 말하되 세존이시여 마땅히 어떻게 이 경을 이름하며 우리가 어떻게 받들어 가져야 합니까? 부처님이 수보리에게 이르시되 이 경을 금강반야바라밀이라 이름할 것이며 이 경의 명자名字로써 너희들이 받들어 가져야 하나니라.

爾時 須菩提 白佛言 世尊 當 何名此經 我等 云何奉持
佛告須菩提 是經 名爲 金剛般若波羅蜜 以是名字 汝當奉持
이시 수보리 백불언 세존 당 하명차경 아등 운하봉지
불고수보리 시경 명위 금강반야바라밀 이시명자 여당봉지

今日小出大遇
금일소출대우

오늘 작은 일로 나갔다
큰 일을 만났네

수보리가 부처님께 경명經名에 대하여 물으니 부처님의 대답은 금강반야바라밀이라 하시고 이러한 명자名字를 받들어 가지라고 자세히 알려 주시니 이것은 작은 물음에 큰 가르침을 만난 것이다.

마치 화반탁출和盤托出과 같다고나 해야 할까. 이것이 부처님의 참 지혜의 가르침이다. 부처님의 법문은 너무나 여실히 중생에게 보여주는 것이므로 중생의 믿음을 낳게 되고 받들어 가지게 되는 것이다.

▽

火不能燒 水不能溺
화불능소 수불능익

風不能飄 刀不能劈
풍불능표 도불능벽

軟似兜羅 硬如鐵壁
연사도라 경여철벽

天上人間 古今不識
천상인간 고금불식

咦!
이!

불로 능히 태우지 못하고

물이 능히 빠뜨리지 못하네

바람이 능히 날리지 못하고

칼이 능히 쪼개지 못하네

부드럽기는 도라면 같고

굳기는 철벽과 같네

하늘 위나 인간 세상

옛날이나 이제나 알지 못하네

이!

반야般若는 어떤 외물外物에도 변하지 않으면서도 묘용妙用이 있어 물物에 응하기도 한다. 이러한 깊은 이치는 정식情識으로 헤아리기 어렵다. 또한, 무서운 불과 물, 바람이 어찌할 수 없으며 날카로운 칼로도 쪼갤 수 없다. 이렇듯 반야般若의 체성體性은 부드럽기로 말하면 도라의 천과 같고 굳세기로 말하면 철벽과 같은 것이다.

그러므로 금강경의 가르침을 여법如法히 받아 가지는 공덕은 말로써 다할 수 없으며 오로지 받아 가지는 자만이 스스로 느끼고 깨닫게 된다.

까닭이 무엇인가 하면 수보리야 불佛이 반야바라밀이라 설한 것은 곧 반야바라밀이 아니기 때문이니라.

所以者何 須菩提 佛說 般若波羅蜜 卽非般若波羅蜜 是名般若波羅蜜
소이자하 수보리 불설 반야바라밀 즉비반야바라밀 시명반야바라밀

猶較些子
유교사자

오히려 작게 비교해야 할 것을……

부처님께서 말씀하신 반야바라밀이 반야바라밀이 아니라고 하셨으니 이것은 개안開眼되지 못한 사람으로서는 도저히 헤아리기 어려우므로 오히려 쉽게 설명해야 한다는 것을 야부 스님은 염려하고 있다.

그러나 반야바라밀을 설했다는 것은 문자반야文字般若를 이름한 것이며 곧 반야바라밀이 아니라고 한 것은 실상반야實相般若를 이름한 것이니 혼동해서 분별을 일으키면 안 된다.

실상은 명자名字를 통해서 얻어지지만, 그 자체는 명자가 없으며 무엇으로도 이름을 붙일 수가 없기 때문이다.

一手擡一手搦 左邊吹右邊拍
일수대일수익 좌변취우변박

無鉉彈出無生樂 不屬宮商律調新
무현탄출무생락 불속궁상율조신

知音知後徒名邈
지음지후도명막

한 손은 들고

한 손은 내렸네

왼편으로 노래 부르고

오른편 박수치네

줄 없는 거문고로

무생락無生樂을 퉁겨 내니

궁상宮商에 속하지 않는데

율조가 새롭다네

지음知音을 안 뒤엔

오히려 이름만 아득할 뿐이네

　금강반야가 반야가 아니라고 한 뜻을 좀 더 쉽게 풀이한다. 부처님이 한 손을 든 것은 반야를 말씀하신 것이며 한 손을 내린 것은 반야가 아니라는 것이다. 이러한 조화의 논리는 왼쪽에서 휘파람이 일어나면 오른쪽에서 박수가 터져 나오는 것과 같다.

　줄 없는 거문고 무생無生의 곡조를 뽑아 올리는 것은 무형無形의 금강반야로써 문자文字 반야의 뜻을 드러낸 것이다.

　궁상宮商에 따른 거문고의 줄로 소리를 내는 것은 결코 새로운 것이 못 된다.

　고정된 악기의 이름에 따라 소리를 내는 것이 아니라 이름없는 그 무엇을 들고 소리를 낼 수 있다면 그것이 새로운 율조가 되는 것이며 이러한 율조를 듣고 아는 자가 있다면 그 또한 이름만이 아득할 뿐 소리의 아름다움은 언어를 빌려 알 수 없는 것이다.

　훌륭한 악기가 있어도 악기를 연주하는 손가락이 있어야 하고 손가락이 있다 하더라도 그 소리를 듣고 아는 사람이 있어야 조화를 이루는 것이다.

　금강경이 있으므로 그 내용을 간곡히 설명해 주신 부처님이 계시게 되었고 부처님의 설법을 듣고 아는 수보리가 있으니 법다운 수지受持라고 하지 않을 수 없다. 이것이 줄 없는 악기를 가지고 무생의 즐거움을 조화롭게 나타내는 것이 된다.

수보리야 너의 뜻은 어떠한가. 여래가 말씀하신 법法이 있다고 하겠는가? 수보리가 부처님께 사뢰어 말하되 세존이시여 여래께서는 설법하신 바가 없습니다.

須菩提 於意云何 如來有 所說法不 須菩提 白佛言 世尊 如來 無所說
수보리 어의운하 여래유 소설법부 수보리 백불언 세존 여래 무소설

低聲低聲
저성저성

소리는 낮게 하고 낮게 하라

수보리가 부처님의 물음에 설법한 바가 없다고 하였다. 지자智者는 능히 깨달을 수 있지만 어리석은 사람은 혼란에 빠지기 쉽다.
　비록 설법한 바가 없다고 한 것이 바른 대답이긴 하지만 없다고 고집하는 것도 불본심佛本心이 아니다. 그러므로 소리를 낮추고 조용히 해야 한다는 것을 일러 주고 있다.

入草求人不奈何 利刀斫了手摩娑
입초구인불나하 이도작료수마사

雖然出入無蹤跡 紋彩全彰見也麽
수연출입무종적 문채전창견야마

풀밭에 들어가 사람 찾으니
어찌할 수 없네
날카로운 칼 풀을 베고
손으로 만지나니
비록 이렇게 출입하였으나
종적이 없네
문채가 또렷이 나타난 것
보았는가?

부처님의 49년 설법은 중생을 위한 것이지만 최후 입멸하실 때 일 언一言도 한 일이 없다고 하셨으니 언어를 통해서 뜻을 나툰 것일 뿐 명자名字에 치우침을 경계한 말씀이다.

본래 청정법신은 중생인 잡풀을 사랑한 일도 없으며 그렇다고 없다는 고집을 한 일이 없으니 초중草中에 불성佛性을 찾는 데 방해롭지 않다는 것이다.

초중草中에 출입한다는 것은 부처님과 수보리의 대답과 같이 언설 言說로 나투되 언설에 집착이 없는 것이며 자취가 없는 것이며 진신塵 身을 가지고 정묘신淨妙身을 나툰 것이니 비단 속에 아름다운 문채가 나타나는 것과 같은 것이다. 이런 이치를 살펴보는 것이 지혜의 안목이다.

수보리야 너의 뜻은 어떠한가. 삼천대천세계에 있는 티끌 먼지가 많다고 하겠는가?

수보리가 말하되 심히 많다고 하겠습니다. 세존이시여.

수보리야 모든 티끌 먼지를 여래가 말했지만, 티끌 먼지가 아닌 것이며 이름이 티끌 먼지라 하나니라. 여래가 말한 세계도 세계가 아니고 이름이 세계일 뿐이니라.

須菩提 於意云何 三千大千世界 所有微塵 是爲多不
須菩提言 甚多 世尊
須菩提 諸微塵 如來說 非微塵 是名微塵 如來說世界 非世界 是名世界
수보리 어의운하 삼천대천세계 소유미진 시위다부
수보리언 심다 세존
수보리 제미진 여래설 비미진 시명미진 여래설세계 비세계 시명세계

南贍部洲 北鬱單越
남섬부주 북울단월

남쪽은 섬부주
북쪽을 울단월이라 하네

남쪽에는 섬부주라는 세계가 있고 북쪽에는 울단월이란 세계가 있다고 한다.

여기서 이런 이름을 내세운 것은 부처님께서 우주 공간에 떠도는 티끌 먼지의 수를 많다고 할 수 있는가를 수보리에게 묻고 수보리가

많다고 대답한 것은 티끌 먼지가 아니라고 했다. 그것은 티끌 먼지의 이름이 남아 있을 뿐이라는 것이다.

드러난 모양은 언젠가는 변화하여 없어지며 그렇다고 영원히 없어지는 것이 아니라 그 이름은 남게 된다는 것이다.

그러므로 세계가 실상반야의 자리에서 본다면 세계라 할 것이 없지만, 중생의 소견으로는 세계라는 이름이 남아 있게 마련이다.

티끌 먼지가 본래 아닌 줄을 알면 진진塵塵이 정묘신淨妙身이 되는 것이며 세계가, 본래 아닌 이치를 알면 세계가 황금국黃金國이 아님이 없을 것이다.

따라서 남쪽의 섬부주의 세계나 북쪽의 울단월의 세계가 본래 아닐진댄 이름이 있음도 무슨 해로움 되겠는가.

頭指天脚踏地 饑則飡困則睡
두지천각답지 기즉찬곤즉수

此土西天 西天此土
차토서천 서천차토

到處元正便是年 南北東西祇者是
도처원정편시년 남북동서지자시

머리는 하늘로 향하고

다리는 땅을 밟았네

굶주리면 밥 먹고

피곤하면 잠자네

이 땅이 서천이요

서천이 이 땅이라네

이르는 곳마다 원정元正은

모두가 신년이니

남북동서가 오로지 이런 것인 것을.

중생과 부처가 같은 것일까, 다른 것일까. 이것은 어리석은 질문 같지만, 이 물음의 참뜻은 불교를 올바로 이해하는 데 지름길이 된다.

중생과 부처의 드러난 모습은 똑같은 것이다. 머리는 하늘을 향하고 다리는 땅을 밟고 배고프면 밥 먹고 피곤하면 잠자는 것이 다를 수 없다. 부처의 세계도 이와 같은 일상이며 중생의 세계도 이와 같은 일상이다. 그렇다면 이 세계가 극락이요 극락이 이 세계에 있음도 알아야 한다.

드러난 일상의 모습으로는 부처와 중생이 다름이 없지만 드러난 모습 속에 작용作用을 일으키는 용심用心이 다르기 때문에 이름을 부처라 하고 이름을 중생이라 하는 것이다.

이러한 뜻을 헤아려 보면 생활하는 곳이 매일매일 원정元正이고 신년新年이 된다는 것이다. 원정은 새해 첫날이다.

새날과 새해는 우주 공간 어디에서나 있게 마련이니 이런 삶을 영위하는 자는 구한久旱에 단비를 만나는 것이며 황국일지黃菊一枝에 유여有餘한 추색秋色을 보는 사람이 될 것이다.

수보리야 너의 뜻은 어떠한가. 가히 삼십이상三十二相으로서 여래를 볼 수 있겠는가, 없겠는가?

보지 못합니다. 세존이시여.

가히 삼십이상三十二相으로서 여래를 볼 수 없습니다.

왜냐하면, 여래께서 말씀하신 삼십이상은 곧 상相이 아니며 이것은 이름이 삼십이상일 뿐이기 때문입니다.

須菩提 於意云何 可以三十二相[34] 見如來不

---

34 삼십이상三十二相: 부처님이 육신 속에 갖추어진 32가지의 좋은 모습.
1 족하안평입상足下安平立相. 발바닥이 평평하여 서 있기에 편함.
2 족하이륜상足下二輪相. 발바닥에 두 개의 바퀴 모양의 무늬가 있음.
3 장지상長指相. 손가락이 길다.
4 족근광평상足跟廣平相. 발꿈치가 넓고 평평함.
5 수족지만망상手足指縵網相. 손가락과 발가락 사이에 비단 같은 막이 있음.
6 수족유연상手足柔軟相. 손발이 부드러움.
7 족부고만상足趺高滿相. 발등이 높고 원만함.
8 이니연슬상伊泥延膝相. 이니연伊泥延은 산스크리트어 aiṇeya의 음사로 사슴 이름. 장딴지가 이니연과 같음.
9 정립수마슬상正立手摩膝相. 팔을 펴면 손이 무릎까지 내려감.
10 음장상陰藏相. 음경이 몸 안에 감추어져 있음.
11 신광장등상身廣長等相. 신체의 가로 세로가 같음.
12 모상향상毛上向相. 털이 위로 향해 있음.
13 일일공일모생상一一孔一毛生相. 털구멍마다 하나의 털이 있음.
14 금색상金色相. 몸이 금빛임.
15 장광상丈光相. 몸에서 나오는 빛이 두루 비춤.
16 세박피상細薄皮相. 피부가 부드럽고 얇음.
17 칠처융만상七處隆滿相. 두 발바닥과 두 손바닥, 두 어깨와 정수리가 두텁고 풍만함.
18 양액하륭만상兩腋下隆滿相. 두 겨드랑이가 두텁고 풍만함.
19 상신여사자상上身如師子相. 상반신이 사자와 같음.
20 대직신상大直身相. 신체가 크고 곧음.

不也 世尊

不可以三十二相 得見如來

何以故 如來說 三十二相 卽是非相 是名三十二相

수보리 어의운하 가이삼십이상 견여래부

불야 세존

불가이삼십이상 득견여래

하이고 여래설 삼십이상 즉시비상 시명삼십이상

借婆衫子拜婆年
차 파 삼 자 배 파 년

할머니의 적삼을 빌려 입고

할머니의 나이에 절을 하네

---

21 견원만상肩圓滿相. 어깨가 원만함.
22 사십치상四十齒相. 치아가 마흔 개임.
23 치제상齒齊相. 치아가 가지런함.
24 아백상牙白相. 어금니가 흼.
25 사자협상師子頰相. 뺨이 사자와 같음.
26 미중득상미상味中得上味相. 맛 중에서 가장 좋은 맛을 느낌.
27 대설상大舌相. 혀가 큼.
28 범성상梵聲相. 음성이 맑음.
29 진청안상眞靑眼相. 눈동자가 검푸름.
30 우안첩상牛眼睫相. 속눈썹이 소와 같음.
31 정계상頂髻相. 정수리가 상투 모양으로 돋아나 있음.
32 백호상白毫相. 두 눈썹 사이에 흰 털이 있음.

무상無相의 이치를 밝히기 위해 수보리에게 삼십이상으로서 여래를 볼 수 있는지에 대해서 물으니 수보리는 그 뜻을 알고 볼 수 없다고 하였다.

볼 수 없는 부정에 떨어지지 않기 위해 이름하여 삼십이상이라 한다고 하였으니 이것은 할머니에게 친근감을 주기 위해 할머니의 적삼을 빌려 입고 할머니에게 절을 하는 것과 같은 것이다.

你有我亦有 君無我亦無
이유아역유 군무아역무

有無俱不立 相對觜盧都[35]
유무구불립 상대치로도

그대 있으면 나 있고

그대 없으면 나 또한 없네

있고 없음을 함께 세울 수 없어

상대한 입몸이 로도일 뿐이라네

수보리와 부처님과의 대화 내용이 유무有無에 치우치지 않았다는 것이다. 따라서 무언無言의 설법이 로도盧都와 같다는 것이다.

서로의 뜻을 이해하는 데 언어를 빌리지 않아도 웃음의 표정만으

---

35 로도盧都 : 로盧는 소笑의 뜻이며 도都는 거居의 뜻이니 말없이 조용히 웃음 짓는 모습을 말한다.

로 의사전달이 가능하기 때문이다.

깨달음의 경계境界를 알 수 있는 것은 오로지 깨달은 자만이 알 수 있는 것이다. 그것은 할머니의 마음을 읽고 할머니의 나이에 절하는 것과 같고, 상대의 마음을 읽고 입몸에 미소를 드러내어 상대에게 수긍하는 마음과 같은 것이다.

수보리야 만약 선남자 선여인이 있어 항하사 등의 신명으로 보시하더라도 다시 이 경 속에 사구게四句偈를 받아 가져서 다른 사람을 위하여 해설해 주면 그 복이 참으로 많은 것이 되나니라.

須菩提 若有善男子 善女人 以恒河沙等身命 布施
若復有人 於此經中 乃至受持四句偈等 爲他人說 其福甚多
수보리 약유선남자 선여인 이항하사등신명 보시
약부유인 어차경중 내지수지사구게등 위타인설 기복심다

兩彩一賽
양 채 일 새

두 가지 색깔로 한 가지로 자랑하네

항사恒沙와 같은 목숨을 바쳐 보시하는 것과 사구게를 가지고 타인에게 해설해 주는 공덕을 말씀하신 것은 두 가지의 복을 논하기 위함은 아니다.

그러나 깨달아가는 중생들에게는 반드시 행시行施와 법시法施의 차이가 있음도 부인할 수 없는 것이다. 이러한 두 모습이 실은 한 가지의 뜻을 나투기 위함임을 알아야 한다는 것이다. 여기서 한 가지 뜻이란 실상의 참지혜를 말한다.

　　　　伏手滑槌不換劍 善使之人皆總便
　　　　복수활추불환검　선사지인개총편

　　　　不用安排本現成 箇中須是英靈漢
　　　　불용안배본현성　개중수시영령한

　　　　囉囉哩 哩囉囉 山花笑 野鳥歌
　　　　라라리　리라라　산화소　야조가

　　　　此時如得意 隨處薩婆訶
　　　　차시여득의　수처살바하

　　　　엎은 손과 미끈한 망치로
　　　　칼과 바꾸지 않나니
　　　　잘 부리는 사람
　　　　모두 다 편리하네
　　　　안배함을 사용하지 않아도
　　　　본래 나타나 이루어진 것
　　　　그 가운데
　　　　모름지기 영령한 놈이여

라라리 리라라
　　산속 꽃은 웃음 짓고
　　들판 새들은 노래하네
　　이를 때 참뜻 얻으면
　　곳마다 살바하薩婆訶하네

　근기根機가 미열微劣한 중생은 일용사日用事의 모두가 반야묘용般若妙用이므로 다시 수단修斷의 방편을 가질 필요가 없다. 그러므로 개개인이 가지고 있는 손발과 재주로써 자재自在하므로 본분의 심검心劍을 따로 찾을 필요가 없다는 것이다.
　행行 · 주住 · 좌坐 · 와臥 · 어語 · 묵默 · 동動 · 정靜 속에서 영특한 성령性靈을 가진 사람은 겁외劫外의 노래인 라라리 리라라를 부를 수 있는 것이다.
　이러한 경계에 살아가면 산속 꽃들과 들판에 나는 새들이 모두 묘용妙用의 아름다운 소리와 웃는 모습이 아닐 수 없다. 이런 경계를 아는 사람을 과량인過量人이라고도 하며 신령스럽고도 영리한 사람이라고도 한다. 본래부터 과량인과 영리한 사람이 나누어진 것이 아니라 자연의 변화 속에서 참지혜를 깨달으면 어느 곳이든 생활하는 성취의 기쁨을 노래하게 된다는 것이다. 따라서 깨달음은 사바세계에서 높은 산봉우리와 구름이 서로 장애를 받지 않 듯이 왕래에 무심하므로 어딜 가나 실상반야의 자취가 남겨질 뿐이다.

14
離相寂滅分
이상적멸분

적멸에는 모든 상이
없기 때문에 모양에
집착을 떠나야 한다

그때에 수보리가 이 경을 해설하신 것을 듣고 깊은 뜻을 알고서 눈물을 지어 소리 내며 희유하십니다, 세존이시여 부처님께서 이와 같이 깊은 경전을 말씀해 주신 것을 제가 옛날부터 얻어온바 혜안으로도 일찍이 이와 같은 경전을 얻어듣지 못하였습니다.

爾時 須菩提 聞說是經 深解義趣 涕淚悲泣 而白佛言 希有世尊
佛說 如是甚深經典 我從昔來 所得慧眼 未曾得聞 如是之經
이시 수보리 문설시경 심해의취 체루비읍 이백불언 희유세존
불설 여시심심경전 아종석래 소득혜안 미증득문 여시지경

好笑 當面諱了
호소 당면휘요

웃는 것이 좋은데
얼굴 마주하고 우는 모습이여

부처님의 경전 해설을 듣고 수보리가 눈물을 짓고 일찍이 경전의 깊은 뜻을 들은 바가 없다고 하니 좋은 일을 만나서 왜 눈물을 짓는가 하고 꾸짖는 것이다.

부처님이 말씀하신 뜻을 깨닫고서도 기쁘다 하지 않고 슬픈 눈물을 보인 수보리는 대권보살 大權菩薩이기 때문에 그것은 감격과 무지한 중생의 마음에 얼마나 감화를 일으킬 수 있을지 노파심 어린 눈물이

다. 수보리의 눈물 속에 참뜻을 헤아려 보아야 한다. 수보리는 중생의 깨닫는 마음으로 눈물을 짓는 것이다.

▽

自少來來慣遠方 幾廻衡岳渡瀟湘
자소래래관원방 기회형악도소상

一朝踏着家鄕路 始覺途中日月長
일조답착가향로 시각도중일월장

젊은 시절부터 살아오면서
먼 곳에 두루 다녔네
형악땅을 돌고 소상강 건너길
몇 번이나 하였던가
하루아침에
가향로家鄕路를 밟으면
비로소 도중에 해와 달이
높고 긴 줄을 깨달았네

중생을 위해서 말씀하신 부처님의 설법은 중생의 울음을 그치게 하기 위한 방편일 뿐이다.

비유하면 훌륭한 집안을 버리고 이양利養의 맛에 정신이 팔려 부모도 버린 채 천애天涯의 곳곳마다 떠돌면서 은애恩愛의 집착을 버리지 못하고 자기를 잃어버린 삶을 영위하다가 어느 날 문득 양우良友를 만나 본래 부와 명예를 갖춘 집을 찾아 돌아와 보니 지난날 부질없이 세월을 보낸 것에 대하여 깨닫게 되는 것과 같다.

젊어서부터 먼 곳을 돌아다니던 습관이 형악땅과 소상강을 몇 번이나 반복했는가를 묻고 있는 것은 수보리의 눈물이 참회의 눈물임을 해석하여 한 말이다. 가향로家鄕路는 장부의 본분반야本分般若를 말한 것이니 이것은 누구나 가지고 있는 마음의 길이다.

자기 마음의 길을 찾아서 걸어가다 보면 탐진치 속에 헤맨 지난날의 무상함을 느끼지 않을 수 없다. 이러한 경계에 다다라서는 세월이 유수처럼 흐르고 일월이 교차하는 것이 결코 슬프고 절망적인 것만은 될 수 없다. 오로지 변화무쌍한 시간 속에서 영원한 진리의 광명이 공간에 가득할 뿐임을 깨달아야 한다.

세존이시여 만약 다시 어떤 사람이 이 금강경을 얻어듣고 믿는 마음이 깨끗하면 곧 실상을 낸다고 하셨으니 마땅히 이런 사람이 제일로 희유한 공덕을 성취한 줄 알겠습니다.
세존이시여 실상實相이란 것은 곧 상相이 아니며 이런 까닭으로 여래가 실상이라 이름 붙여 설하셨을 뿐입니다.

世尊 若復有人 得聞是經 信心 淸淨 卽生實相 當知是人
成就第一希有功德
世尊 是實相者 卽是非相 是故 如來 說名實相
세존 약부유인 득문시경 신심 청정 즉생실상 당지시인

성취제일희유공덕

세존 시실상자 즉시비상 시고 여래 설명실상

山河大地 甚處得來
산하대지 심처득래

산과 물, 대지를
어느 곳에 얻겠는가?

수보리가 경의 뜻을 밝히는 가운데 여래께서 말씀하신 실상은 드러난 모양이 아니고 이름이 실상이라고 했다면, 안전眼前에 펼쳐진 자연의 모습을 무엇이라 이름하며 자연의 순수한 참모습을 어디에서 찾아야 한단 말인가.

遠觀山有色 近聽水無聲
원관산유색 근청수무성

春去花猶在 人來鳥不驚
춘거화유재 인래조불경

頭頭皆顯露 物物體元平
두두개현로 물물체원평

如何言不會 祇爲太分明
여하언불회 지위태분명

멀리 보면 산山 빛이 있고
가까이 들으면 물소리 없네
봄은 가고 꽃은 남았는데
사람이 와도 새들은 놀라지 않네
두두頭頭가 모두 드러났으니
물물物物의 자체가 본래 평등하네
어찌하여 모른다 말하리
너무나 분명한 이 모습이여

    중생이 가지고 있는 망견妄見으로서는 소리와 모양에 치우쳐 실상을 볼 수 없다. 그러나 깨달음의 실견實見으로는 실상이 먼 곳에 있지 않다. 그렇다면 깨달음의 경계는 어디에 있는 것일까.

    산빛이 보이고 물소리 없이 고요함을 느낄 때 산화조가山花鳥歌의 모습이 그대로 평등한 깨달음의 실상이다. 따라서 수보리가 말한 실상을 비상非相이라고 한 뜻을 모른다고 할 수 있겠는가.

    세존이시여 제가 이제 이와 같은 경전을 얻어듣고 믿어 알고 받아 가지는 데 족히 어렵다고는 하지 않지만,

世尊 我今 得聞如是經典 信解受持 不足爲難
세존 아금 득문여시경전 신해수지 부족위난

若不得後語 前話也難圓
약불득후어 전화야난원

만약 뒷얘기를 모른다면
앞의 말도 원만하기 어렵네

　　수보리가 말한 실상의 뜻을 알지 못한다면 부처님의 설법도 원만히 알기 어려운 것이다.
　　중생을 위하여 수보리가 참다운 모습은 드러난 모습에 집착한 마음이 아니라 이름만이 있을 뿐이라 하며 이름이 본래 이름이 아니라는 이치를 밝히지 않았다면 수보리의 얘기나 부처님이 설명하시는 금강경의 뜻을 바로 알기는 어렵다는 것이다. 그러므로 금강경은 언구를 부정하면서 그 이름은 남는 것을 두고 양변에 치우치지 않는 중도를 나투기 위함임을 알아야 한다.

難難難
난난난

如平地上靑天
여평지상청천

易易易
이이이

似和衣一覺睡
사화의일교수

行船盡在把梢人 誰道波濤從地起
행 선 진 재 파 초 인 수 도 파 도 종 지 기

어렵고 어려운 어려움이여

땅에서 하늘 오르는 것 같네

쉽고 쉬운 쉬움이여

옷 입고 한번 잠 깨듯 하네

나룻배를 타는 것은

노를 젓는 사람에게 있듯

누가 파도가 땅을 쫓아 일어난다 하는가

    부처님의 말씀에 수보리의 대답을 두고 그 뜻을 알기가 어렵다고 한다면 눈을 가지고도 앞을 보지 못하는 것 같고 땅에서 하늘을 올라가는 것과 같이 어렵다는 것이다. 그러나 쉽게 뜻을 알면 두 귀를 가지고 소리를 듣는 것과 같고 옷 입은 채로 한잠 자고 깨는 것과 같다. 어렵고 쉬운 것이 외경外境에 있는 것이 아니라 저마다의 근기에 따라 변화를 일으키는 데 있음을 알아야 한다. 깨우침의 길이 어렵고 쉬운 것은 모두 각자의 몫으로 생각하는 마음을 가져야 한다는 것이다.

    파도를 타고 강을 건너는 나룻배는 노를 젓는 사람의 능력에 따라 쉽게 건너기도 하고 어렵게 건너기도 한다. 그렇다면 파도의 높고 낮음에 문제를 일으킬 필요가 없는 것이다.

만약 다음 생이나 후오백세에 어떤 중생이 이 경을 얻어듣고 믿어 알아 받아 가진다면 이 사람도 곧 제일 희유함이 되겠습니다.

若 當來世 後五百歲 其有衆生 得聞是經 信解受持 是人 卽爲第一希有
약 당래세 후오백세 기유중생 득문시경 신해수지 시인 즉위제일희유

行住坐臥 着衣喫飯
행주좌와 착의끽반

更有甚麼事
갱유심마사

다니고 머무르고 앉고

눕는 데 있어

옷 입고 밥 먹는 사람이

다시 무슨 일이 있겠는가?

수보리는 부처님께 당시의 금강경을 받아 읽고 뜻을 아는 공덕이 오백 년의 세월, 아니 수많은 세월이 지난다 해도 제일 희유한 공덕을 짓는 데는 부족함이 없다는 것을 얘기하고 있다. 이것은 참다운 불법이 어디에 있는가를 말하는 것이다.

야부 스님은 그것은 먼 곳에 참다운 불법이 있는 것이 아니라 다니고 쉬고 앉고 누워 잠자고 옷 입고 밥 먹는 일용생활 속에 있음을

말하고 있다. 그것은 부처님 당시나 지금이나 인간이 생활하는 기본 생활 공간이 변하지 않기 때문이다. 금강경을 믿고 알아 받아 가지는 생활이 일용日用 속에서 이루어진다면 따로 희유한 법을 찾을 필요가 없는 것이다. 인간의 삶속에서 모양에 집착만 일으키지 않는다면 무심한 생활 자체가 희유한 삶이 된다는 것이다. 이것이 문자반야를 통해서 관조반야의 수행을 얻고 실상반야의 무심경지에 도달하는 것이니 희유함이라 할 수 있다.

  冰不熱 火不寒
  빙불열 화불한

  土不濕 水不乾
  토불습 수불건

  金剛脚踏地 幡竿頭指天
  금강각답지 번간두지천

  若人信得及 北斗面南看
  약인신득급 북두면남간

  얼음이 덥지 않듯

  불은 차갑지 않네

  흙이 젖지 않듯

  물이 마르지 않네

  금강의 다리로 땅을 밟고

  두건 쓴 머리는 하늘을 가리키네

만약 사람들이 믿음을 얻게 되면
북두를 남쪽에서 본다네

사람은 저마다 희유한 반야성般若性을 가지고 있다. 이 반야의 작용이 도道라고 한다. 이러한 평상의 생활 속에 반야를 관찰하고 생활한다면 얼음이 덥지 않다는 자연의 이치를 확실하게 믿게 된다.

반야의 다리로 생활하는 사람에게는 두건 쓴 머리가 하늘로 향하듯 너무나 자연스러운 모습으로 살게 되고 이런 사람이야말로 북쪽에 있는 별을 남쪽에서 볼 수 있는 것이다.

왜냐하면 북쪽이니 남쪽이니 하는 것은 본래 정해진 방위가 아니라 인간이 붙여준 이름이 북쪽이고 남쪽일 뿐이기 때문이다.

왜냐하면 이런 사람은 아상이 없으며 중생상이 없으며 수자상이 없기 때문입니다.
이러한 까닭은 아상이 곧 상相이 아니며 인상, 중생상, 수자상이 상이 아니기 때문입니다.
왜냐하면 일체의 상을 여읜 사람을 이름하여 제불諸佛이라 하기 때문입니다.

何以故 此人 無我相 無人相 無衆生相 無壽者相
所以者何 我相 卽是非相 人相 衆生相 壽者相 卽是非相
何以故 離一切諸相 卽名諸佛

하이고 차인 무아상 무인상 무중생상 무수자상
소이자하 아상 즉시비상 인상 중생상 수자상 즉시비상
하이고 이 일체제상 즉명제불

心不負人 面無慚色
심불부인 면무참색

마음에 사람을 버리지 않으니
얼굴에 부끄러운 빛 없네

이 세상에서 가장 어리석은 사람은 자기를 잃어버린 사람이다.
하늘을 보고 한 점 부끄러움이 없는 사람은 자기를 발견한 사람이다. 깨달음은 자기를 찾는 것이지만 결국 자기만을 생각하는 것이 아니라 더불어 살아가는 동일 생명체임을 깨닫는 것이다. 또한, 수보리가 부처님의 설법을 듣고 후세 중생들의 깨달음까지도 예견하고 있는 것이다. 이것이 모양에 욕심을 여의고 자기를 낮추는 수보리의 마음이다.

舊竹生新筍 新花長舊枝
구죽생신순 신화장구지

雨催行客路 風送片帆歸
우최행객로 풍송편범귀

竹密不妨流水過 山高豈礙白雲飛
죽밀불방유수과 산고기애백운비

묵은 대나무 있어 새순 나고

새로운 꽃에서 묵은 가지 자라네

비는 나그네의 발길을 재촉하고

바람은 조각배를 돌아가게 하네

대숲이 빽빽하게 모여 있어도

물 흐르는 데 장애가 없듯

산이 높다 한들

어찌 구름이 나는 데 장애가 되겠는가

  사람이 살아가는 데는 과거가 있고 현재가 있고 미래가 있다. 그뿐만 아니라 오늘과 어제와 내일이 연속적으로 이어지고 있다.
  이러한 반복되는 생활 속에서 소멸하여 가는 것이 육신의 삶이지만 영원히 소멸하지 않는 이치와 변화하지만, 영원히 변화하지 않는 진리를 깨달아야 한다.
  이러한 진리를 깨닫게 되려면 무엇보다 '나'라는 고집이 없어지게 된다. 아상我相은 만 가지 분별상分別相을 일으켜 반야般若의 눈을 멀게 한다.
  보라. 대숲이 아무리 빽빽하다 해도 물이 흐르는 데 무슨 장애가 되며 산이 아무리 높다고 한들 흰 구름 떠도는 데 무슨 장애가 되겠는가.
  변화하는 자연 속에서 변화하지 않는 묘유妙有를 찾게 되면 묵은 대숲에서 새순이 나고 향기로운 꽃들이 필 때마다 오래된 나뭇가지가 크는 조화造化의 미를 터득하게 된다.

나그네의 발길을 소나기가 재촉하고 훈훈한 바람이 조각배를 떠돌게 하는 것은 인위적인 모습이 아니다. 너무나 자연적인 모습이다. 이것이 상相 있는 데 상 없는 마음의 작용임을 알아야 한다.

수보리가 일체상一切相을 여의면 곧 부처라고 했으니 일체상을 통해서 일체상이 아닌 도리를 알아야 부처가 되는 것이다.

부처님이 수보리에게 이르시되 그렇고 그렇도다.
만약 다시 어떤 사람이 이 경을 얻어듣고 놀라지 않고 두려워하지 않고 겁내지 않으면 마땅히 알라. 이 사람은 심히 희유希有함이 될 것이니라.

佛告須菩提 如是如是
若復有人 得聞是經 不驚 不怖不畏 當知 是人 甚爲希有
불고수보리 여시여시
약부유인 득문시경 불경 불포불외 당지 시인 심위희유

祗是自家底
지 시 자 가 저

다만 이것이 자기 집이네

놀라는 표정 두려운 생각, 겁내는 마음이 어디에서 나오는 것인가. 자기의 마음속에서 나온 것이기 때문에 이런 생각을 여읜 것을 희유하다고 하니 이런 생각이나 이런 분별이 없는 생각이 모두 자기 마음속의 집에서 나온 것임을 알아야 한다.

  毛吞巨海水 芥子納須彌
  모 탄 거 해 수 개 자 납 수 미

  碧漢一輪滿 淸光六合輝
  벽 한 일 륜 만 청 광 육 합 휘

  踏得故鄕田地穩 更無南北與東西
  답 득 고 향 전 지 온 갱 무 남 북 여 동 서

  털구멍이 바닷물 삼키고
  겨자 속에 수미산이 들어가네
  푸른 하늘 달빛 가득
  맑은 달빛 육합六合에 빛나네
  고향 땅 밟아
  편안히 쉬니
  다시 남북과 동서라 할 것 없네

이 세상에서 드러난 모습으로 가장 작은 것을 털구멍과 겨자씨를 말한다. 또한 가장 큰 것을 넓은 바다와 수미산을 꼽기도 한다.

가장 작은 것으로 큰 것을 포용하는 이치는 반야지般若智로서 알 수 있다.

최미최대最微最大가 본래 둘이 아닌 것은 달이 본래 둘이 아니듯, 크기도 하고 작기도 한 것은 달이 본래 변화하는 것이 아니다. 달은 언제나 둥글게 떠 있다. 그 달빛이 온 세계를 훤히 비추고 있다. 그러나 그 달빛이 있기도 하고 없기도 한 것은, 달이 크기도 하고 작기도 한 것은, 사람이 살아가는 지구의 위치가 변하기 때문이다.

고향 땅에 돌아와 편안히 쉬는 것은 사람마다 갖춰진 성천性天의 영명靈明한 각월覺月이 휘영청 밝아서 동서남북 방위方位의 분별이 없는 것과 같다.

놀라지 않고 두려워하지 않고 겁내지 않는 모습은 둥근 달빛이 온 사물을 편안하게 비추는 것과 같은 마음이다.

왜냐하면 수보리야 여래가 제일 바라밀이라고 말한 것은 제일 바라밀이 아니며 이름이 제일 바라밀이라고 할 뿐이니라

何以故 須菩提 如來說 第一波羅蜜 卽非第一波羅蜜 是名第一 波羅蜜
하이고 수보리 여래설 제일바라밀 즉비제일바라밀 시명제일 바라밀

八字打開 兩手分付
팔자타개 양수분부

팔자로 열어 놓고
두 손으로 나누어 주네

재주가 뛰어나면 팔방미인이라고 한다. 팔자八字는 팔방八方으로 통하는 원통보문圓通普門이다.

이제 부처님께서 바라밀을 말씀하시고 바라밀이 아님을 말씀하셨으니 이것은 모든 중생을 포섭하기 위해 반야의 문을 활짝 열어 놓고 두 갈래로 말씀해 주신 것이다.

바라밀이 향상向上이라 한다면 바라밀이 아닌 것은 향하向下를 말하는 것이다. 향상과 향하를 모두 말씀하셨으니 두 손으로 나누어 보여주신 것이다. 부처님의 자비는 이처럼 양변을 포섭하는 자비의 실천이다.

是名第一波羅蜜 萬別千差從此出
시 명 제 일 바 라 밀 만 별 천 차 종 차 출

鬼面神頭對面來 此時莫道不相識
귀 면 신 두 대 면 래 차 시 막 도 불 상 식

이름하여
제일 바라밀이여
만별천차萬別千差가
이로 쫓아 나왔네

귀신 얼굴 귀신 머리

대면해 오니

이때를 서로가

알지 못한다 하겠는가.

제일 바라밀第一波羅蜜이란 무엇인가.

사람마다 현로現露하는 반야를 말한다. 이러한 반야의 뜻을 측량測量하기가 쉽지 않다. 그러나 두두頭頭마다 또렷이 작용하는 바라밀을 모른다고 할 수도 없는 것이다.

온갖 차별의 상相이 두두頭頭 속에 나타나는 바라밀에서 비롯되는 것임을 알게 된다면 따로 진상眞相을 구하지 않아도 된다. 만물의 생명력을 관찰하여 그곳에 생명력이 있음을 깨달으면 바라밀이 있는 것이다. 이렇게 인식하기까지는 문자반야를 열심히 닦아야 한다.

수보리야 인욕바라밀을 여래가 말하기를 인욕바라밀이 아니라고 한 것은 이름이 인욕바라밀이기 때문이니라.
왜냐하면, 수보리야 내가 옛날 가리왕에게 신체를 할절割截함이 되었었다. 내가 그때 아상도 없고 인상도 없었으며 중생상도 없고 수자상도 없었나니라.
왜냐하면, 내가 옛날 마디마디 사지四支를 끊어낼 때에 만약 아상·인상·중생상·수자상이 있었다면 응당히 진한瞋恨을 내었을 것이니라.

須菩提 忍辱波羅蜜 如來說 非忍辱波羅蜜 是名忍辱波羅蜜 何以故
須菩提 如我昔爲歌利王 割截身體 我於爾 時 無我相 無人相 無衆生相 無壽者相
何以故 我於往昔節節支解時 若有 我相 人相 衆生相 壽者相 應生瞋恨
수보리 인욕바라밀 여래설 비인욕바라밀 시명인욕바라밀 하이고
수보리 여아석위가리왕 할절신체 아어이 시 무아상 무인상 무중생상 무수자상
하이고 아어왕석절절지해시 약유 아상 인상 중생상 수자상 응생진한

智不責愚
지 불 책 우

지혜로운 사람은
어리석음을 꾸짖지 않네.

 부처님이 과거 인행시因行時에 인욕하는 공부를 하는데 가리왕이 시녀들을 데리고 산림山林으로 사냥을 나갔다.
 잠시 곤困하여 숲 속에서 낮잠을 자고 깨어나 보니 시녀들이 어느 숲 속에서 선인仙人에게 이야기를 듣고 있었다. 화가 난 가리왕이 그 선인의 살을 베고 찢어도 성을 내거나 원한을 품지 않았다고 하니 이 선인이 부처님이 전생에 인욕하는 공부를 하는 사람이었다.
 지혜로운 사람이 어리석음을 꾸짖지 않은 것은 부처님께서 옛날

참는 공부를 하면서 자신을 괴롭히는 가리왕에 대하여 원한을 품지 않은 것을 말한다. 부처가 된다는 것은 수많은 공덕을 쌓아가야 하는데 특히 참고 견디는 인욕의 공덕을 쌓아야 한다는 것이다.

부처의 안목은 깨달음의 참지혜로서 모든 중생의 어리석음이 본래 없음을 인식시켜 주는 것이다. 그러므로 중생은 인욕을 통해서 자신의 어리석음이 실체 없음을 깨닫는 것이다.

如刀斷水 似火吹光
여도단수 사화취광

明來暗去 那事無妨
명래암거 나사무방

歌利王 歌利王[36]
가리왕 가리왕

誰知遠煙浪 別有好商量
수지원연랑 별유호상량

칼로 물을 베는 듯하고

불로 불빛을 부는 듯하네

밝은 것 오고 어두움 가니

---

36 가리왕歌利王 : 부처님의 본생설화本生說話에 나오는 말로 과거세에 인욕선인이 되어 산림에서 수행하고 있었는데 가리왕이란 임금이 시녀를 데리고 산에서 휴식을 취하던 중 낮잠을 자다가 깨어나 보니 시녀들이 없어 찾던 중 인욕선인을 만나 얘기를 듣고 있는 모습을 보고 화가 나서 칼로 선인의 살결과 몸의 뼈를 끊어내어도 조금도 화를 내거나 원망하는 마음이 없었다고 한다.

이런 일들 방해로움 없네
가리왕 가리왕이여
누가 먼 안개 낀 물결에
별로 좋은 생각 있는 줄 알았겠는가

　신령스런 본성本性은 담적湛寂하기 때문에 흔들어도 움직이지 않고 불어도 없어지지 않는다. 마치 칼을 들고 물을 베듯 불빛에 바람을 더하면 오히려 불꽃이 더 발화하는 것과 같은 것이다.
　이러한 무념무상無念無想의 반야지般若智를 갖춘 사람에게는 외경外境의 고통도 고통이 아니며 안주安住가 따로 있는 것도 아니다. 명암明暗의 변화 속에서 또렷한 반야지는 일체 사물의 방해를 받지 않는다.
　그것은 무상無相의 마음이 있기 때문이다. 이러한 무상無相의 이치를 모른 가리왕은 안전眼前에 펼쳐진 모습에 성내는 마음을 일으켜 남을 해하고자 하였다.
　안주安住와 동요動搖가 따로 있는 것이 아니라 성내는 마음이 고요한 마음이다. 따라서 안개 낀 물결같이 고요히 일어나는 번뇌가 곧 보리菩提의 씨앗임을 생각하지 못한 것이 가리왕의 마음이다. 인간의 생활 속에는 가리왕과 같이 포악하기도 하고 부처님과 같이 남을 원망하지 않는 두 가지 모습을 지니고 있다. 이것이 부처님의 지혜로운 마음으로서 중생의 어리석음을 꾸짖지 않는 마음이다.

　수보리야 또 생각건대, 과거 오백세 전에 인욕선인忍辱仙人**이 되어서**

그곳 세상에서는 아상이 없었으며 인상도 없었으며 중생상도 없었고 수자상도 없었나니라.

須菩提 又念 過去於五百世 作忍辱仙人 於爾所世 無我相 無人相
無衆生相 無壽者相
수보리 우념 과거어오백세 작인욕선인 어이소세 무아상 무인상
무중생상 무수자상

目前無法 從敎柳綠花紅
목전무법 종교유록화홍
耳畔無聞 一任鶯吟燕語
이반무문 일임앵음연어

눈앞에 온갖 차별 법法이 없으니
버들가지 푸르고
꽃들은 붉구나
귓가에 들을 것 없으니
앵무새 소리
제비의 지저귐에 일임하네

부처님께서는 끝없는 세월을 두고 닦고 닦아온 수행공덕修行功德이 지난날의 인행시절因行時節이었다.

14. 이상적멸분離相寂滅分 175

그 시절에 인욕하는 선인仙人이었지만 사지四支를 뜯어 내는 고통 속에서도 오직 사상四相이 없었으니 피아彼我가 없어진 마음뿐이었다.

피아彼我가 없는 마음이 있었기에 눈앞에 상대할 법이 필요치 않다. 버들가지가 푸른 것과 꽃들이 붉게 피는 것이 자연스러울 뿐이며 아무런 장애가 되지 않는다. 육신의 귀를 가지고 듣는 마음이 없으니 앵무새의 소리와 제비의 지저귐의 소리가 그대로의 모습일 뿐 인위적인 행위가 아니다.

주객主客이 없으니 차별이 없고 차별이 없으니 고통을 주는 자도 없고 고통을 받을 자도 없다. 왜냐하면, 고통의 자체는 실체가 없고 오로지 마음의 작용일 뿐이기 때문이다. 인욕의 한계가 어디까지인가를 생각하게 하는 부처님의 마음을 헤아리게 된다. 오늘날 현대인들이 깊이 인욕하는 마음이 무엇인가를 깨달아야 할 것이다.

　　四大³⁷元無我 五蘊³⁸悉皆空
　　사대　원무아　오온　실개공

　　廓落虛無理 乾坤萬古同
　　확락허무리　건곤만고동

37　사대四大 : 지地, 수水, 화火, 풍風.

38　오온五蘊 : 스스로 변화하고 다른 것을 장애롭게 하는 색온色蘊.
　　고苦와 낙樂, 불고不苦와 불락不樂을 느끼는 작용으로서 수온受蘊.
　　외계外界의 사물을 마음속에 받아들이고 그것을 상상하여 보는 마음으로서의 작용인 상온想蘊.
　　인연으로 생겨나서 시간적으로 변화하는 행온行蘊.
　　의식하고 분별하는 식온識蘊.

妙峯嶷嶷常如故 誰管顚號括地風
묘봉의 의상여고 수관전호괄지풍

사대四大는 원래 아我가 없고

오온五蘊이 모두 공空하였네

넓고 훤히 비어 있는 이치여

하늘과 땅이 만고에 같다네

묘봉은 높고 높아서

언제나 옛날과 같으니

누가 회오리쳐 땅을 뒤집는

바람을 관리하겠는가

  사람이 가지고 있는 육신은 실체가 없는 것이다. 마치 거울 속의 모습과 같아서 아我와 인人이 없는 것이다. 그러나 영묘靈妙한 반야성般若性을 사대四大 육신 속에서 상주常住하는 것이 하늘과 땅의 조화造化 속에서 생동하는 생명체와 같은 것이다.

  번뇌에 물들지 않고 번뇌를 떠난 곳에 있지 않은 마음은 높디높은 묘봉妙峯과 같아서 언제나 우뚝 솟아 고금을 꿰뚫고 있다.

  따라서 번뇌를 없애고자 하는 마음을 누가 내는 것인가. 본래 번뇌가 있는 것이 아니라 어리석은 생각으로 깨닫지 못한 마음이 번뇌를 만들어 내는 것이다. 인간의 어리석음이란 육신의 구성 요소인 사대와 육신의 작용기관인 오온을 마치 생명력이 있어 존재하는 줄 알지만 사실은 마음의 작용에 따른 도구일 뿐이라는 것을 깨달아야 한다.

이러므로 수보리야 보살은 응당 일체 모습을 버리고 아뇩다라삼먁
삼보리심을 발해야 하나니라.

是故 須菩提 菩薩 應離一切相 發 阿耨多羅三藐三菩提心
시고 수보리 보살 응리일체상 발 아뇩다라삼먁삼보리심

是卽此用 離此用
시즉차용 이차용

이것은
용用에 속한 것인가?
용用을 떠난 것인가?

일체의 드러난 모습을 여의고 보리심을 발해야 한다는 것은 묘용
妙用을 말하는 것인지 묘용까지도 버려야 한다는 것인지 의심하지 않
을 수 없다.
  시비인아是非人我와 색향미촉色香味觸을 여의면 보리심을 따로 발
한다는 말을 할 필요가 없다. 왜냐하면 상相을 여읜 자리가 곧 보리심
의 본체이기 때문이다.
  이처럼 상相이란 외래外來의 상이 아니고 자심自心에서 기용된 것
이라 하면 보리심을 내는 마음이 묘용 속에서 나오는 것인지 아니면 묘
용을 떠난 곳에 따로 있다 해야 할 것인지를 야부 스님은 되묻고 있다.

이러한 양변兩邊에 치우치지 않는 마음을 얻게 되면 일모一毛의 끝에서 보왕寶王의 세계를 나툴 수 있으며 미진微塵 속에 앉아서도 대법륜大法輪을 굴릴 수도 있는 것이다. 모든 것이 마음의 소작所作임을 깨달아야 한다.

    得之在心 應之在手
    득지재심 응지재수

    雪月風花 天長地久
    설월풍화 천장지구

    朝朝鷄向五更啼 春來處處山花秀
    조조계향오경제 춘래처처산화수

얻는 것도 마음에 있고

응하는 것은 손에 있네

눈 속 달과 바람결에 꽃이여

하늘은 높고 땅은 깊네

아침이면 아침마다 닭은

오경五更이면 울고

봄이오면 곳곳마다 산속에

꽃들이 수려하네

실상의 반야성般若性을 얻게 되면 눈 속의 달빛이나 바람결에 향기로운 꽃들이 천진天眞의 모습이다.

　이러한 천진을 마음에서 얻고 묘용이 사대四大 속에 있음을 깨닫게 되면 드러난 모습들이 정묘국토淨妙國土 아님이 없고 드러난 모습들이 상주진신常住眞身이 아님이 없다.

　따라서 일체의 소리가 부처님의 무진 법문이며 일체의 모습이 불색佛色이다. 그뿐만 아니라 새벽녘을 향해 울고 있는 닭소리나 봄이 오면 곳곳에 꽃들의 향기가 불성불상佛聲佛相이 아님이 없다. 이처럼 자연의 변화 속에 천진天眞의 소리와 모습을 보는 것은 육체의 눈이 아니라 지혜의 안목이다. 그러므로 육신의 작용이 살아 있는 것이 아니라 마음의 작용인 참지혜가 살아 있음을 깨달아야 한다.

　응당 색色이라는 물질에 주住하여 마음을 내어서는 안 되며 응당 성향미촉법聲香味觸法에 주하여 마음을 내어서는 안 되며 응당 주하는 바 없는 마음을 내어야 하나니라.
　만약 마음에 주하는 것이 있게 되면 곧 참으로 주하는 것이 아니다. 이러므로 내가 말하기를 보살은 마음을 응당 모습에 머물러 보시하지 말라 하였느니라.
　수보리야 보살이 일체중생을 이롭게 하기 위하여 응당 이와 같이 보시해야 하나니라.

　不應住色生心 不應住聲香味觸法生心 應生無所住心
　若心有住 卽爲非住

是故 佛說菩薩心 不應住色布施

須菩提 菩薩 爲利益一切衆生 應如是布施

불응주색생심 불응주성향미촉법생심 응생무소주심

약심유주 즉위비주

시고 불설보살심 불응주색보시

수보리 보살 위이익일체중생 응여시보시

有佛處不得住 無佛處急走過
유불처부득주 무불처급주과

三十年後 莫言不道
삼십년후 막언부도

불佛이 있는 곳에

주住하지 않고

불佛이 없는 곳에

급히 달려 지나가네

삼십 년 후 이르지 못했다

말할 순 없네

부처라고 하는 마음에 머물러서는 참부처를 볼 수 없다. 부처라는 마음이 없는 곳에 이르게 되면 유무의 양변兩邊을 포용하여 중도中道의 실상반야實相般若가 나타난다.

따라서 중생은 간단間斷없이 이런 마음을 갖고자 끊임없이 노력하게 되면 언젠가는 스스로 깨닫게 될 것이다. 무심한 지혜가 샘솟는 작용은 집착을 끊어야 하는데 부처님은 이러한 집착을 끊을 수 있는 방법으로 조건 없는 보시를 통해서 얻을 수 있다고 하였다. 참다운 보시를 생각하게 하고 참지혜의 작용을 헤아려 보아야 한다.

朝遊南嶽 暮往天台
조유남악 모왕천태

追而不及 忽然自來
추이불급 홀연자래

獨行獨坐無拘繫 得寬懷處且寬懷
독행독좌무구계 득관회처차관회

아침엔 남악산에서 놀다

저녁엔 천태산으로 가네

추종하면 미칠 수 없고

자연이면 스스로 오네

홀로 다니고 홀로 앉는데

구속됨이 없으니

너그러운 생각 얻은 곳에

또한 너그러운 마음뿐이네

구름의 자취와 하늘을 날아가는 학의 모습은 허공 중에 남지 않는다. 보살이 일체중생을 위하여 보시하는 마음은 거래去來가 없는 마음이요 피차彼此가 없는 마음이다. 이런 마음으로 보시하는 것이 너그러운 마음이며 봄바람 부는 넓은 들판을 달리는 말과 같이 시원스런 마음이며 밝은 달 푸른 물결치는 바닷속에서 신용神龍이 춤을 추는 마음이다. 이렇게 무애자재하는 왕래 속에 무심으로 행하는 보시가 되어야 진정한 보시를 행한다고 할 수 있는 것이다.

여래가 설한 일체의 모든 상相은 곧 상이 아니며 또 설한 일체중생이 곧 중생이 아니다.

如來說 一切諸相 卽是非相 又說一切衆生 卽非衆生
여래설 일체제상 즉시비상 우설일체중생 즉비중생

別有長處 不妨拈出
별유장처 불방염출

특별히 좋은 곳 있어
염출拈出해도 방해롭지 않네

상相이 상이 아니고 중생이 중생이 아니라고 하였으니 이것은 특별히 중생을 위해서 하신 말씀이다. 중생을 위한 말씀이라면 중생 세계가 있는 한 아무리 많이 해도 방해로울 것이 없다. 그러므로 중생과 부처의 차별하는 마음을 갖지 않을 때 원융무애圓融無礙한 참지혜가 빛을 더하는 것이다.

不是衆生不是相 春暖黃鶯啼柳上
불시중생불시상 춘난황앵제류상

說盡山雲海月情 依前不會空惆悵
설진산운해월정 의전불회공추창

休惆悵
휴추창

萬里無雲天一樣
만리무운천일양

중생도 아니며

상相도 아님이여

봄빛이 따뜻하니

노란 꾀꼬리 버들가지에서 우네

산운山雲과 해월海月의 정을

모두 다 말하였나니

앞을 의지하여 알지 못하니

공연히 슬퍼할 뿐이네

슬퍼하지 말라

만리에 구름 없어

하늘이 한 모습이라네.

중생은 무엇이며 상相은 무엇인가. 이것은 공간적인 것과 시간적인 것을 포함하고 있는 모습이다.

아我가 주관이면 인人은 객관이다. 중생衆生이 공간이면 수자壽者는 시간이다. 주객과 시공을 초월하는 것은 멀리 떠난 곳이 아니라 원융무애한 곳을 말한다. 봄빛이 따스하면 버들가지 위에서 꾀꼬리의 울음은 자연스런 것이다.

부처님의 설법은 산운山雲과 같고 해월海月과 같다. 산운과 해월은 본래 있는 모습이나 그 모습이 변하기도 한다. 변하는 모습을 보고 또 다시 슬퍼할 필요는 없다. 왜냐하면, 본래의 모습은 한 모습일 뿐이기 때문이다. 하늘은 언제나 맑지만 구름의 출입을 방해하지 않고 바다의 달빛이 내려 앉는데 바닷물은 거부하지 않는다.

수보리야 여래는 참다운 말씀이며 진실한 말씀이며 여실한 말씀이며 미치지 않는 말씀이며 분별하지 않은 말씀이니라.

須菩提 如來 是眞語者 實語者 如語者 不誑語者 不異語者
수보리 여래 시진어자 실어자 여어자 불광어자 불이어자

知恩者少 負恩者多

지은자소 부은자다

은혜를 아는 자 적고
은혜를 저버린 자 많네

여래의 진실된 말씀을 올바로 알면 순순諄諄한 자비가 될 것이며 잘못 알게 되면 지해知解를 가지고 분별하는 모습을 벗어나지 못한다.

은혜는 부처님의 말씀이다. 따라서 말씀을 의지하여 실상반야를 찾을 때 부처님의 은혜를 알게 되는 것이지만 상相에 집착하여 말씀을 따르게 되면 은혜를 저버리는 것이 된다.

兩箇五百是一貫 阿爺元是丈夫漢
양개오백시일관　아야원시장부한

分明對面向渠言 爭奈好心無好報
분명대면향거언　쟁나호심무호보

眞語者實語者 呵呵呵啞啞啞
진어자실어자　하하하야야야

두 개의 오백五百이
모두 하면 한 관이네
아버지는 본래 장부이니
분명한 것은 얼굴 마주하여

저에게 말하였나니
좋은 마음 좋은 보답이
없음을 어찌하랴
참다운 말씀
실다운 말씀이여
하하하 야야야

　천하는 두 길이 있을 수 없고 부처님의 마음은 양심兩心이 있을 수 없다. 부처님의 설법은 이러한 마음으로 친절히 일러 주신 말씀이다. 그러나 부처님의 말씀을 바로 알고 그 뜻에 보답하는 사람은 드물다. 말씀이 있음과 말씀이 없음도 여래의 일심에서 나왔듯이 두 개의 오백五百은 일관一貫에서 나누어진 것이다. 하하하 야야야는 거짓 없는 소리다. 꾸밈없는 소리를 바로 알면 여래의 말씀을 알게 되는 것이다. 사람이 웃음을 지을 때 모두가 무심으로 짓는다. 다시 말해서 외부조건에 의하여 웃는 마음이 아니라 본래마음이 웃음짓는 사람은 어딜가나 미소일 뿐이다.

수보리야 여래의 얻은 바 법이란 실답다 할 것 없으며 헛되다 할 것도 없느니라

須菩提 如來所得法 此法 無實無虛
수보리 여래소득법 차법 무실무허

水中鹹味 色裏膠淸
수중함미 색리교청

물속에 짠맛이며
색 속에 아교풀이 깨끗하네

여래의 깨달은 법이란 무엇인가. 사실은 깨달은 법이란 말씀이 허물이 된다. 그러므로 물속에 짠맛이나 색 속에 하늘거리는 아교풀이 맑으면 보이지 않는 것이다.

보이지 않는 짠맛과 하늘거리는 아교풀이라도 입속에서 느낌으로 알 수 있듯 여래가 얻었다는 법은 깨달은 자만이 알 수 있는 것이다. 따라서 부처는 중생을 교화하기 위해서 중생과 함께하고 있으나 중생의 안목으로 부처를 보지 못한다.

硬似鐵軟如酥 看時有覓還無
갱사철연여소 간시유멱환무

雖然步步常相守 要且無人識得渠
수연보보상상수 요차무인식득거

咦!
이!

단단하기는 철과 같고

부드럽기는 우유와 같네

볼 때는 있으나

찾으면 도리어 없네

비록 이렇지만

걸음마다 언제나 서로 지키나니

사람들이 그를 알지 못하네

이!

실다움도 없고 헛됨도 없는 법은 어디에서 작용하고 있는가? 사람마다 움직이고 있는 가운데 또렷이 있다고 한다. 마치 굳세기로는 무쇠와 같고 부드럽기는 우유와 같은 것이다. 찾으면 도리어 보이지 않으니 실답다 할 것인가 헛되다 할 것인가. 결코, 실다운 것도 아니며 헛된 것도 아닌 법을 여래는 깨달아 얻은 것이다. 중생도 이와 같이 마음을 닦아가야 참지혜를 만날 수 있다.

수보리야 만약 보살이 마음을 법에 주(住)하여 보시를 행하면 어떤 사람이 어두운 곳에 들어가 곧 볼 수 없듯이 만약 보살이 마음을 법에 주하지 않고서 보시를 행하면 어떤 사람이 눈이 있어서 햇빛이 비침에 가지가지의 빛을 보는 듯하리라. 수보리야 당래의 세상에 만약 선남자 선여인이 능히 이 경을 수지독송하면 곧 여래가 부처의 지혜로써 다 이런 사람을 알며 다 이런 사람을 보아서 모두 다 무량하고 끝이 없는 공덕을 성취케 하리라.

須菩提 若菩薩 心住於法 而行布施 如人 入闇 卽無所見 若菩薩 心不住法 而行布施 如人 有目 日光 明照見種種色 須菩提 當來之世 若有善男子 善女人 能於此經 受持讀誦 卽爲如來 以佛智慧 悉知是人 悉見是人 皆得成就 無量無邊功德

수보리 약보살 심주어법 이행보시 여인 입암 즉무소견 약보살 심부주법 이행보시 여인 유목 일광 명조견종종색 수보리 당래지세 약유선남자 선여인 능어차경 수지독송 즉위여래 이불지혜 실지시인 실견시인 개득성취 무량무변공덕

因地而倒 因地而起
인지이도 인지이기

地向你道什麽
지향니도십마

땅에서 넘어지면

땅을 짚고 일어나나니

땅이 그대를 향해

무엇이라 말하던가?

법을 버리고 법을 취하는 것은 법에 있지 않고 사람에게 있다. 마치 땅에서 넘어지면 땅을 짚고 일어나야 하는 것은 넘어진 자의 몫이지 땅이 사람을 넘어지게 한 바가 없으며 땅이 사람을 일으킨 바도 없

는 것이다. 넘어지고 일어나는 것이 사람에게 있고 법의 취사선택取捨
選擇도 사람에게 있는 것이다. 이런 마음을 갖기 위해서 부처님은 금
강반야 경문을 부지런히 수지 독송하는 공덕을 쌓아야 한다고 권하고
있는 것이다.

世間萬事不如常 又不驚人又久長
세간만사불여상 우불경인우구장

如常恰似秋風至 無意凉人人自凉
여상흡사추풍지 무의량인인자량

세간의 만사는
항상함만 같지 못하니
또한 사람이 놀라지 않고
또한 깊이 오래 할 뿐이네
항상함과 같음이여
가을바람 부는 듯하여
사람을 서늘하게 할 뜻이 없으나
사람이 스스로 서늘하다 하네

깨달음과 깨닫지 못함의 차이는 가을바람에 서늘함을 느끼는 것
과 느끼지 못하는 것과의 차이와 같다. 세상의 일이란 떳떳한 것이
없으니 사람을 놀라게 할 만한 일은 못 된다. 오로지 인식되어 있을

뿐이다.

    부처님은 가을바람의 무심無心으로 중생을 알아보고 끝없는 공덕을 성취하게 말씀해 주셨으니 말씀에 집착할 것도 아니요, 말씀을 버릴 것도 아니다. 말씀에 의지하여 말씀 없는 뜻을 관취하는 것이다. 마치 가을바람에 서늘함을 느끼는 것과 같은 것이다. 참지혜의 안목으로 세상을 바라보면 놀랄 것도 없고 놀랄 것 없는 마음만이 길고 오래 있을 뿐이다. 이렇듯 부처님의 무심설법을 배우고 익힐 때 중생은 중생이라는 집착의 안목을 버리고 무심한 가을 바람에 서늘함을 깨닫는 지혜를 얻게 된다.

15

持經功德分
지경공덕분

경전을 가지는 공덕은
얼마일까
부처님의 법문을
통해서 알 수 있다

수보리야 만약 선남자 선여인이 있어 아침에 항하의 모래 숫자만큼 몸을 가지고 보시하고 점심에 다시 항하의 모래 숫자만큼 몸을 가지고 보시하며 저녁 때 또 항하의 모래 숫자만큼 몸을 가지고 보시하여 이와 같이 끝없는 시간 동안 몸을 가져 보시하더라도 다시 어떤 사람이 이 경전을 듣고 믿음이 거슬리지 않는다면 그 복이 저보다 수승하다 할 것이니라.
어찌 하물며 경전을 베끼고 받아 가져 읽고서 다른 사람을 위해서 해설해 주는 것은 비교할 수 없는 복이 될 것을 말해 무엇하랴.

須菩提 若有 善男子 善女人 初日分[39] 以恒河沙等身 布施 中日分 復以恒河沙等身 布施 後日分 亦以恒河沙等身 布施 如是無量百千萬億劫以身布施
若復有人 聞此經典 信心不逆 其福勝彼 何況書寫受持讀誦 爲人解說

수보리 약유 선남자 선여인 초일분 이항하사등신 보시 중일분 부이항하사등신 보시 후일분 역이항하사등신 보시 여시무량백천만억겁 이신보시
약부유인 문차경전 신심불역 기복승피 하황서사수지독송 위인해설

人天福報卽不無 佛法未夢見在

---

39 초일분初日分, 중일분中日分, 후일분後日分, 보살이 낮과 밤의 삼시三時로 불사佛事를 행한다는 데서 비롯된 말이며 보통 육시행도六時行道라고 한다. 여기에서 삼시는 아침, 점심, 저녁을 말하는 것이다.

인천복보즉불무 불법미몽견재

사람과 하늘의 복 받는 과보는
곧 없지 않으나
불법은 꿈속에서
볼 수 없다네.

항하의 모래알처럼 엄청난 몸을 가지고 보시를 행하는 것은 꿈속에서 선행을 닦는 데 지나지 않는다.

그러나 문자반야文字般若의 글귀를 가지고 믿는 마음만 있어도 선행보시하는 공덕보다 수승한데 하물며 경전을 듣고 베껴서 받아 가져 읽는다면 그것은 말로써 헤아릴 수 없는 공덕功德을 쌓는 것이다.

왜냐하면, 문자반야의 글귀는 꿈속의 복을 짓는 것이 아니라 꿈을 깨우는 복을 짓는 것이기 때문이다. 따라서 꿈을 깨지 않고서는 진정한 불법을 만나 보기가 어려운 것이다. 우리가 살아가는 이 세상이 꿈속임을 깨달을 때 이 세상이 즐겁고 행복함이 본래 가득한 줄 깨닫게 될 것이다.

初中後發施心同 功德無邊算莫窮
초중후발시심동 공덕무변산막궁

爭似信心心不立 一拳打透太虛空
쟁사신심심불립 일권타투태허공

아침 점심 저녁

보시하는 마음 같으니

공덕이 끝없어

산수로 계산해 다할 수 없네

어찌 믿는 마음에

마음을 세우지 아니하여

한주먹 두드려 큰 허공을

꿰뚫듯 하는 걸까?

하루 세 번 몸을 움직여 보시하는 것이 복 짓는 일이지만 한 생각에 경을 듣고 믿음을 내어 무생불無生佛의 뜻을 알게 되면 허공을 치는 듯 흔적이 없다. 그러나 인천人天의 복을 짓는 과보는 계산으로 충분할 뿐이므로 유한성有限性을 말하는 것이다. 따라서 믿는 마음을 높이 세우는 것이 참다운 보시 공덕이며 진정한 법 보시가 된다. 그러나 물질적 보시로 공덕을 쌓는 것은 주먹을 쥐고 허공을 치는 것과 같이 공연히 힘만 소비할 뿐이다. 그렇다고 물질적 보시를 부정하는 것이 아니라 삼시를 행하는 보시를 통해서 집착을 끊을 때 무한한 법보시의 공덕을 얻게 되는 것이다.

수보리야 요약해서 말하면 이 경전은 가히 사의할 수 없으며 가히 칭량할 수 없는 무량하고 끝없는 공덕이 있나니 여래가 대승심을 발하는 자를 위해서 설하며 최상승을 발하는 자를 위해서 설하는

것이니라

須菩提 以要言之 是經 有不可思議 不可稱量 無邊功德 如來 爲發 大乘者說
爲發 最上乘者說
수보리 이요언지 시경 유불가사의 불가칭량 무변공덕 여래 위발 대승자설
위발 최상승자설

如斬一握絲 一斬一切斷
여참일악사 일참일체단

한 타래의 실을 베어내듯
한 번 끊어 일체를 끊네

금강경을 베껴 읽고 다른 사람을 위하여 해설해 주는 공덕을 짓게 되면 한 타래의 실을 끊을 때 한번 칼로 끊으면 일시에 실오라기가 끊어지는 것과 같다. 이와 같이 번뇌를 끊고자 한다면 금강경을 부지런히 수지 독송함과 더불어 사경 공덕을 지어야 모든 번뇌를 끊을 수 있음을 밝히고 있다.

一拳打倒化城關[40] 一脚蹋翻玄妙寨[41]
일권타도화성관　일각적번현묘채

南北東西信步行 休覓大悲觀自在
남북동서신보행 휴멱대비관자재

大乘說 最上乘說
대승설 최상승설

一棒一條痕 一掌一握血
일봉일조흔 일장일악혈

한 주먹으로 화성관化城關을

쳐부수고

한 다리로 현묘채玄妙寨를

차서 엎어 버렸네

남북동서에

믿음으로 걷는다면

대비관자재를

찾지 말라

대승을 설하고

최상승을 설함이여

한 방망이 한 자욱 흔적이며

한 손바닥 한 줌의 핏자국이네

40　화성관化城關 : 번뇌를 막아주는 안주처를 말한다.
41　현묘채玄妙寨 : 깊은 진리의 현묘한 울타리를 말한다.

번뇌를 막아 안주할 수 있는 화성관化城關과 깊은 진리의 울타리라고 하는 현묘채玄妙寨를 타도하여 발로 차서 뒤집어 버릴 수 있는 지혜의 힘이 있다면 시간과 공간 속에서 따로 의지처를 찾을 필요가 없는 것이다.

대승심과 최상승심을 발하기 위해서 금강경을 설한 것은 방망이로 친 흔적과 손아귀를 주먹 쥐어 핏자국이 남는 것과 다름이 없다. 방망이의 흔적과 핏자국은 오래 가지 않고 없어지는 것이다. 이렇듯 부처님의 설법은 중생을 위한 방편·설법임을 깨달아야 한다. 그러므로 설법에 집착해서는 안 된다.

만약 어떤 사람이 능히 받아 가지고 읽어서 널리 다른 사람을 위하여 해설해 준다면 여래가 이런 사람을 알며 다 이런 사람을 보고서 모두 다 가히 헤아릴 수 없고 가히 칭량할 수 없으며 끝도 없이 생각할 수 없는 공덕을 성취할 수 있게 된다 할 것이니 이와 같은 사람들은 곧 여래의 아뇩다라삼먁삼보리를 짊어진 것이 되느니라.

若有人 能受持讀誦 廣爲人說 如來 悉知是人 悉見是人 皆得成就 不可量 不可稱 無有邊 不可思議功德 如是人等 卽爲荷擔 如來 阿耨多羅三藐三菩提

약유인 능수지독송 광위인설 여래 실지시인 실견시인 개득성취 불가량 불가칭 무유변 불가사의공덕 여시인등 즉위하담 여래 아뇩다라삼먁삼보리

◆

擘開泰華手 須是巨靈神
벽개태화수 수시거령신

태산과 화산을 쪼개는 손은
필시 거령신일 것이네

여래의 깊은 깨달음을 짊어진다는 것은 드러난 모습의 높은 태산과 화산을 쪼갤 수 있는 힘을 가진 사람이다. 아무리 높은 산이 있다해도 크고 신령스런 정신에 미칠 수는 없다. 따라서 여래의 깨달음의 경지인 아뇩다라삼먁삼보리를 짊어지는 것은 태산과 화산같은 힘을 가진 자가 아니라 태산과 화산을 쪼갤 수 있는 정신을 가진 자를 말하는 것이다. 따라서 육체가 아무리 크고 힘이 넘친다해도 육체가 담고 있는 정신을 따를 수는 없다. 그러므로 물질적 보시 공덕의 유한성보다 깨달음의 무한성을 일깨워 모양다리에 집착을 끊고자 함이다.

堆山積岳來 一一盡塵埃
퇴산적악래 일일진진애

眼裏瞳人碧 胸中氣若雷
안리동인벽 흉중기약뢰

出邊沙塞靜 入國貫英才
출변사새정 입국관영재

200 금강경 야부송

一片寸心如海大 波濤幾見去還來
일편촌심여해대 파도기견거환래

산을 쌓고 산악을 만듦이
하나하나의 티끌이라네
눈 속에 눈동자 푸르고
가슴속 기운이 우레 같네
변방으로 나가면 사새가 고요하고
나라에 들어와 영재를 꿰뚫었네
일편촌심이여
바다와 같이 크니
파도가 몇 번이나
갔다 돌아옴을 보았는가?

산 무덤을 쌓아 만드는 것은 하나의 티끌로 이루어진 것이다. 이처럼 산을 만들고 쪼개는 힘을 가진 자는 눈동자가 푸르게 살아 있고 가슴속에 생동하는 기운이 우레처럼 용솟음치는 마음이 있는 것이다.

그뿐만 아니라 육신의 끝에서도 동요하지 않으니 한 나라에서 영웅다운 재사처럼 자유롭고 마음은 큰 바다와 같아서 파도의 물결을 고스란히 담아 있을 뿐이다.

깨달음이란 거대한 산봉우리와 같이 드러나 있는 곳에 있지 않고 깊이를 알 수 없는 넓은 바다와 같은 마음에 있는 것이다.

왜냐하면, 수보리야 만약 작은 법을 좋아하는 것은 아견·인견·중생견·수자견에 집착하여 이 경전을 능히 듣고 받아 읽어 외워서 다른 사람을 위하여 해설할 수 없느니라.

何以故 須菩提 若樂小法者 着我見 人見 衆生見 壽者見
卽於此經 不能聽受讀誦 爲人解說
하이고 수보리 약요소법자 착아견 인견 중생견 수자견
즉어차경 불능청수독송 위인해설

仁者見之謂之仁 智者見之謂之智
인자견지위지인 지자견지위지지

어진 자를 보면

어질다 말하고

지혜로운 사람을 보면

지혜롭다 말하네

지혜를 상징하여 문수文殊를 말하고 실천하는 작용을 보현普賢에 비유한다. 금강경은 지혜의 보고寶庫이며 금강경을 읽고 외워서 다른 사람을 위해 해설해 주는 것은 묘용妙用의 보현행을 실천하는 것이다. 따라서 작은 법을 좋아하는 마음으로는 주관과 객관, 시간과 공간의 차이를 벗어날 수 없으므로 소근소지자小根小智者에 머물 수밖에 없다.

인자仁者를 보고 지자智者를 볼 수 있는 것은 인仁과 지智를 갖춘 자만이 알고 보는 것이다. 실상반야實相般若가 금강경의 체體라면 관조반야觀照般若는 금강경의 용用이다. 문수와 보현의 양립된 지혜와 실천을 함께 닦아가는 마음이 있을 때 사상四相에 집착하지 않는 마음이 있는 것이며 이런 마음으로 경전을 수지 독송하고 남을 위해 해설해 줄 수 있어야 한다.

不學英雄不讀書 波波役役走長途
불학영웅부독서 파파역역주장도
娘生寶藏無心用 甘作無知餓死夫
낭생보장무심용 감작무지아사부
爭怪得別人
쟁괴득별인

영웅도 배우지 않고

글도 읽지 않음이여

물결처럼 숨 가쁘게

큰길로 달아나네

어머니가 낳아준 보배

사용할 마음 없어

무지한 굶주린 아비 되길

바라는 듯하구나

어찌하여 다른 사람을
괴이하다 하겠는가

인仁과 지智는 배우고 익히며 실천하는 가운데 발생하는 것이다. 이러한 인지仁智를 제쳐놓고 허겁지겁 외경外境으로 달려서 찾는 것은 본래부터 타고난 덕성보장德性寶藏을 잃어버리고 힘없어 굶주린 아비의 위상을 갖추는 데 지나지 않는 것이다.

심외心外의 작은 법을 찾는 것은 괴이한 일이긴 하지만 자기를 잃어버린 괴이함만 못할 것이다. 남을 모방해 삶을 유지하는 자는 언제나 육체의 힘만 소비하며 끝내는 참마음을 잃어버리는 모습만 남을 것이다.

수보리야 곳곳마다 만약 이 경전이 있으면 일체 세간과 천과 인과 아수라들이 응당 공양할 바이니 마땅히 알라. 이곳이 곧 탑이 되며 모두 응당 공경히 예를 지어 위요하면서 모든 꽃과 향으로써 그곳에 흩을 것이니라.

須菩提 在在處處 若有此經 一切世間 天人阿修羅 所應供養 當知 此處 卽爲
是塔 皆應恭敬 作禮圍遶⁴² 以諸華香 而散其處
수보리 재재처처 약유차경 일체세간 천인아수라 소응공양 당지 차처

---
42 위요圍遶 : 경배의 뜻을 가지고 두루 감아 돌다.

즉위

시탑 개응공경 작례위요 이제화향 이산기처

鎭州羅蔔 雲門胡餠
진주라복 운문호병

진주 땅의 무와

운문의 호떡이여

    옛날 공부하는 학인이 조주趙州 778~897 스님에게 묻기를 "스님께서 남전南泉 스님을 친견했다고 하는데 사실입니까?" 하니 대답하기를 "진주땅에는 큰 무가 나는 것이니라." 하였다.
    또한, 어떤 학인이 운문雲門 ?~949 스님에게 물었다. "부처도 조사도 초월한 말이 무엇입니까?" 하니 대답하기를 "호떡이니라" 하였다.
    위의 두 가지 문답은《벽암록》중에 나오는 공안公案이다. 왜 야부 스님은 이 두 가지 공안을 말씀하셨는지 생각해본다.
    첫째 공안인 진주땅에는 큰 무가 예로부터 많이 생산되는 곳이기 때문에 질문 없이 누구나가 쉽게 알 수 있는 것이다.
    둘째 공안인 운문 스님의 대답 중에 호떡은 누구나가 쉽게 알고 먹는 생활 식품 중에 하나다.
    부처님께서 경전을 모시는 곳이면 으레이 예를 갖추고 공양하고 공경하는 사람들이 모여들게 된다는 것을 말씀하셨으니 이런 이치는 너무나 쉽게 인식할 수 있는 문제이다. 마치 진주 땅에서 큰 무가 나는 것과 호떡을 쉽게 아는 것과 다름없다.

그러나 조주 스님이나 운문 스님이 학인의 물음과는 상관없는 대답을 하게 된 숨은 뜻은 각자가 참구할 문제이듯 경전을 모셔 놓고 입으로 반야를 외우고 마음으로 반야를 행하고 곳곳마다 무상無相의 행을 실천한다면 그 공덕의 결과는 너무나 쉽게 알 수 있는 것이다. 마치 무와 호떡의 의미를 알듯이ㅡ. 그러나 중생은 이처럼 쉽고 자상한 말씀을 쉽게 잊어 버리고 지나쳐 버린다.

與君同步又同行 起坐相將歲月長
여군동보우동행　기좌상장세월장

渴飮飢湌常對面 不須回首更思量
갈음기찬상대면　불수회수갱사량

그대와 함께 걷고

같이 행동하니

일어나고 앉는 데 서로 도와

세월이 깊구나

목마름에 물 마시고

굶주림에 밥 먹는 것

항상 대면하니

머리를 돌이켜

다시 생각할 필요가 없네

이처럼 자상한 말씀이 어디 있는가. 경전을 모시는 곳에 따로 불탑佛塔을 모실 필요가 없다고 했다. 불상을 통해서 불성佛性을 깨닫듯 경전을 통해서 심경心經을 깨닫는 것이다.

너무나 쉬운 말씀이지만 이것을 실천에 옮기는 것은 결코 쉬운 일이 아니다.

부처님의 말씀에 따라 생활하면 따로 머리를 돌려 찾을 필요가 없다. 주림에 밥 먹고 목마름에 물 마시듯 언제나 경전을 대면하고 있다면 그 사람의 삶의 공간이 깊고 오래 갈 뿐만 아니라 항상 부처님과 함께 하는 생활이 되는 것이다. 그러므로 금강경의 참뜻은 문자 반야를 통해서 문자에 집착을 끊고 사유하는 지혜가 용솟음쳐 우주만물이 나와 동근同根임을 깨닫는 것이다. 이런 마음이 있다면 머리를 굴려 지혜를 찾지 않아도 되는 것이다.

16

能淨業障分

능정업장분

업장을 깨끗이 하는
데는 반드시
경전을 모시고 읽고
실천해야 한다

또 수보리야 선남자 선여인이 이 경을 받아 가져 읽고 외우면서 만약 사람들이 가볍고 천하게 여기는 것이 되면 이 사람이 전생의 죄업으로 응당 악도에 떨어질 것이지만 금생의 사람들이 가볍고 천하게 여긴 까닭으로 전생의 죄업이 곧 소멸되고 마땅히 아뇩다라삼먁삼보리를 얻게 될 것이니라.

復次 須菩提 善男子 善女人 受持讀誦此經 若爲人輕賤是人 先世罪業 應墮惡道 以今世人 輕賤故 先世罪業 卽爲消滅 當得阿耨多羅三藐三菩提

부차 수보리 선남자 선여인 수지독송차경 약위인경천시인 선세죄업 응타악도 이금세인 경천고 선세죄업 즉위소멸 당득아뇩다라삼먁삼보리

不因一事 不長一智
불인일사 부장일지

한 일로 인하지 않고
한 지혜를 기를 수 없네

중생이 부처의 본성을 깨닫기 위해서는 반드시 일대사 一大事를 해결해야 일체지 一切智를 얻게 되는 것이다. 금강경을 수지독송하는 일은 일체반야지 一切般若智를 얻는 일이다. 따라서 경을 수지독송하는 일

이야말로 한 일로 인하여 한 지혜를 기르는 공덕이 되고 전생으로부터 지어 온 업장이 있다 하더라도 소멸되게 된다는 것이다. 그러므로 경전을 통해서 참지혜를 얻는 노력을 게을리해서는 안 된다.

  讚不及毁不及 若了一萬事畢
  찬불급 훼불급 약요일 만사필

  無欠無餘若太虛 爲君題作波羅蜜
  무흠무여약태허 위군제작바라밀

  칭찬해도 미치지 못하고
  헐뜯음도 미치지 못하네
  만약 하나를 요달하면
  만사를 마친다네
  모자람도 없고 남음도 없는 것이
  큰 허공과 같아
  그대를 위해
  바라밀이라 이름 지었네.

  어리석은 중생을 위해 바라밀이란 경명經名을 붙인 것은 경을 읽고 외워서 허공과 같이 넓고 큰 무량묘의無量妙義를 얻게 하기 위한 것이다.

그러나 일대사一大事[43]의 근본을 깨달은 사람에게는 범천梵天이 칭찬해도 미치지 못하고 온갖 마군魔群이 헐뜯고자 해도 미치지 못하는 것이다. 이것이 바라밀경의 불가사의한 공덕을 드러내는 것이다.

수보리야 내가 생각건대, 과거 끝없는 아승지겁阿僧祇劫[44]에 연등부처님을 만나기 전에 팔백사천만억 나유타那由他[45]의 여러 부처님을 만나서 모두 다 공양하고 받들어 섬겨서 헛되이 지나친 일이 없었느니라. 만약 다시 어떤 사람이 훗날 말세에 능히 이 경을 받아가져 읽고 외우면 얻을 바 공덕이 내가 여러 곳에서 모든 부처님께 공양한 공덕으로도 백분百分의 일一에도 미치지 못하며 천만억분과 내지 수를 헤아리는 비유로도 능히 미칠 바가 못 되느니라.

須菩提 我念 過去無量阿僧祇劫 於燃燈佛前 得値 八百四千萬億 那由他諸佛 悉皆供養承事 無空過者 若復有人 於後末世 能受持讀誦此經 所得功德 於我所供養諸佛功德 百分 不及一 千萬億分 乃至 算數譬喩 所不能及

수보리 아념 과거무량아승지겁 어연등불전 득치 팔백사천만억 나유타제불 실개공양승사 무공과자 약부유인 어후말세 능수지독송차경

43 　일대사一大事 : 부처님의 법法을 만나 생生과 사死의 문제를 깨닫는 것이 하나의 큰 사건이 된다는 것이다.

44 　아승지阿僧祇 : asamkhya라 하며 무수無數의 뜻으로 표현할 수 없는 많은 수를 말한다.

45 　나유타那由他 : nnayuta라 하며 헤아릴 수 없는 수의 개념.

소득공덕 어아소공양제불공덕 백분 불급일 천만억분 내지 산수비유
소불능급

功不浪施
공불랑시

공덕을 헛되어 베풀지 않는다네

금강경을 일념으로 읽고 외워서 원증圓證의 실상반야를 깨달으면 공능功能이 헛되지 않은 것이다.

부처님께서 과거 세상에서 헤아릴 수 없는 부처님께 공양 올린 공덕보다 오히려 경을 읽고 외우는 공덕이 더욱 깊음을 말씀한 것이다. 그렇다고 전생의 죄업을 닦기 위해서 끝없는 보시 공덕을 쌓지 말라는 것이 아니라 무주상 보시를 깨닫기 위해 경전을 읽고 외우는 공덕을 쌓아야 한다는 것이다.

億千供佛福無邊 爭似常將古教看
억천공불복무변 쟁사상장고교간

白紙上邊書黑字 請君開眼目前觀
백지상변서흑자 청군개안목전관

風寂寂 水漣漣 謝家人祗在魚船
풍적적 수연연 사가인지재어선

억천부처님께 공양하여

복은 끝이 없지만

어찌 언제나 옛 가르침을

가져 보는 것과 같겠는가?

하얀 종이 위에

검은 글자 썼으니

그대여 눈을 뜨고

눈앞을 보게나

바람은 고요하고

물결은 잔잔하니

집 떠난 사람

고깃배에 있을 뿐이네

하얀 종이 위에 옮겨쓴 글귀는 예사 문장이 아니다. 이것은 고불古佛께서 능히 드러내어 주신 가르침이며 공부하는 사람마다 가슴속에 담고 있는 일권경一卷經을 말하는 것이다.

따라서 억천 겁을 쌓아오면서 형상의 부처님께 공양을 올린 복덕이 적은 것은 아니지만, 부처와 조사가 서로 전해 내려온 법인法印의 경전을 읽고 외워서 남에게 깨우쳐 주는 공덕에 비유할 수는 없는 것이다.

내면의 세계에 일권의 경을 펼치게 되면 외경外境의 번뇌 풍이 침범치 못하고 고요할 뿐이며 바람이 고요한 데 이르면 물결은 스스로 잔잔해지는 것이다.

고요한 바람은 오진悟眞의 경계를 비유한 것이며 잔잔한 물결은 지수智水를 말하는 것이다.

집 떠난 사람[謝家人]이 고깃배를 타고 있으면 언젠가는 낚시에 고기를 낚을 수 있듯이 금강경을 읽고 외워서 공덕을 쌓게 되면 반드시 깨달음의 경계를 만날 때가 있는 것이다. 사람마다 가지고 있는 마음의 일권경一卷經은 금강반야바라밀경을 통해서 깨닫게 됨을 말하고 있다.

수보리야 만약 선남자 선여인이 훗날 말세에 이 경을 받아 가져 읽고 외우는 사람이 있어 얻은 바 공덕을 내가 만일 구족히 설한다면 혹 어떤 사람이 듣고 곧 마음이 어지러워서 여우같이 의심하여 믿지 않게 되리라. 수보리야 이 경의 뜻은 가히 생각할 수 없으며 과보 또한 가히 생각할 수 없는 것이니라.

須菩提 若善男子 善女人 於後末世 有受持讀誦此經 所得功德 我若具說者 或有人聞 心卽狂亂 狐疑不信 須菩提 當知 是經 義 不可思議 果報 亦 不可思議

수보리 약선남자 선여인 어후말세 유수지독송차경 소득공덕 아약구설자 혹유인문 심즉광난 호의불신 수보리 당지 시경 의 불가사의 과보 역 불가사의

各各眉毛眼上橫
각각미모안상횡

각각 눈썹이 눈 위에
옆으로 놓였네

사람의 얼굴에 눈썹은 눈 위에 옆으로 비껴져 있는 것을 알 수 있듯이 부처님의 말씀도 이처럼 너무나 쉽게 알 수 있는 것이다.

비록 경전을 수지독송하는 공덕을 두고 말세 중생들이 의심을 일으키게 되어 생각할 수 없는 공덕과 생각할 수 없는 과보를 말씀하셨지만, 말씀 속에 담긴 무상無相의 참 진리를 깨닫게 되면 사람의 얼굴에 눈썹이 놓인 모습을 보듯 너무나 쉬운 것이다.

따라서 부처님의 설법을 사람이면 누구나 쉽게 보여지는 안상미모설眼上眉毛說이라고도 한다.

良藥苦口 忠言逆耳
양약고구 충언역이

冷暖自知 如魚飮水
냉난자지 여어음수

何須他日待龍華 今朝先授菩提記
하수타일대용화 금조선수보리기

좋은 약은 입에 쓰고
충성 어린 말씀 귀에 거슬리네
차고 더운 것 스스로 아는 것이
고기가 물을 마시는 것 같네
어찌 다른 날에
용화세계를 기다릴 것인가
오늘 아침 먼저
보리의 수기를 주시네

49년 동안 설법하신 부처님의 말씀은 모두가 병을 다스리는 좋은 약에 지나지 않고 충성 어린 말씀에 지나지 않는다. 약을 먹고 병을 낮게 할 수 있듯이 부처님의 말씀을 따라 실천하면 미료未了의 경계를 벗어날 수 있는 것이다.

참다운 경의 뜻은 불가사의한 것이지만 경구를 통해서 마음을 깨달으면 고기가 물을 마시고 덥고 찬 것을 스스로 아는 것과 같아서 결코 생각할 수 없이 어려운 것이 아니다.

금강경을 지니고 읽고 외우는 사람이 있다면 다른 날의 용화세계를 기다리지 않아도 깨달음의 경지를 얻을 수 있다.

어리석은 중생은 이러한 평범한 말씀에 의심을 일으키지만, 이근利根 중생은 언하言下에 양약을 복용한 듯 병을 다스리고 쾌활함을 얻듯 능히 총지總持의 뜻을 알고서 이 경전의 과보가 깊은 줄 믿게 되는 것이다. 경전을 수지독송하는 것을 부지런히 실천하다보면 반드시 깨달음에 이를 수 있다는 것을 양약의 비유로써 말씀하셨으니 이것을 믿고 따를 수밖에 없다. 이처럼 경전 속에서 깨달음의 이상 세계인 용화세계를 구현할 때 부처님께서 수기를 내리게 된다는 것이다.

    용화세계란 미륵보살이 56억 7천만년 후에 이 세계에 내려와 중생을 위해 설법한다는 것이다. 따라서 금강경을 끊임없이 수지하고 독송한다면 미래 부처님인 미륵부처님께서 출현하여 깨달음을 인정하는 수기를 내리게 된다는 것이다.

17

究竟無我分
구경무아분

―――――――

구경에 이르게 되면
그 속에서는
아상이 없다

그때 수보리가 부처님께 여쭈어 말하되 "세존이시여 선남자 선여인이 아뇩다라삼먁삼보리심을 발하는 이는 어떻게 응당 주住해야 하며 어떻게 그 마음을 항복 받아야 합니까" 하였다. 부처님께서 수보리에게 이르시기를 만약 선남자 선여인이 아뇩다라삼먁삼보리심을 발하려고 하는 이는 응당 이와 같은 마음을 내야 하는데 내가 응당 일체중생을 멸도해 마칠 것이다. 일체중생을 멸도해 마쳐서는 한 중생도 실로 멸도한 일이 없다고 해야 하는 것이니라.

爾時 須菩提 白佛言 世尊 善男子 善女人 發阿耨多羅三藐三菩提心
云何應住 云何降伏其心
佛 告須菩提 若善男子 善女人 發阿耨多羅三藐三菩提心者 當生如是心
我應滅度一切衆生 滅度一切衆生已 而無有 一衆生 實滅度者
이시 수보리 백불언 세존 선남자 선여인 발아뇩다라삼먁삼보리심
운하응주 운하항복기심
불 고수보리 약선남자 선여인 발아뇩다라삼먁삼보리심자 당생여시심
아응멸도일체중생 멸도일체중생이 이무유 일중생 실멸도자

有時因好月 不覺過滄州
유 시 인 호 월 불 각 과 창 주

어떤 때 좋은 달 만나
창주를 지난 줄도 몰랐네

모든 중생을 제도해도 제도한 생각이 없는 경지는 어떤 것일까. 달 밝은 밤길에 달빛이 좋으니 가야 할 목적지를 가야 한다는 생각 없이 당도하는 마음과 같은 것이다.

보리심을 발하는 마음은 무심無心의 발로이지만 결코 무심한 모습이 아니라 묘용妙用의 모습을 드러내는 것이니 이것이 관조반야의 모습이다.

반야의 배를 타고 조간釣竿을 드리운 곳에 달이 밝으면 찰랑대는 물결을 타고 흐르는 범선이 어느덧 창주 땅에 도달하는 모습처럼 실로 중생을 제도해도 제도한 생각을 일으켜서는 안 된다는 것이다. 무심은 경전 공부에 기본이 되는 만큼 부처님의 말씀 끝에는 집착의 병을 끊고자 설법이 끝이 없는 것이다.

若問云何住 非中及有無
약문운하주 비중급유무

頭無纖草蓋 足不履閻浮
두무섬초개 족불이염부

細似隣虛析 輕如蝶舞初
세사인허석 경여접무초

衆生滅盡知無滅 此是隨流大丈夫
중생멸진지무멸 차시수류대장부

만약 어떻게 주하는가 묻는다면

중간과 유무가 아니라 하리

머리는 섬호 같은 풀도 덮지 않고

발은 염부 세계를 밟지 않았네

가늘기는 허공 속 먼지 쪼개는 듯하고

가볍기는 나비 춤추는 처음 모습이네

중생을 멸도하였으나

멸도한 일이 없는 줄 아니

이것이 흐름을 따르는

대장부라 할 수 있다네.

주처住處가 없이 마음을 낼 수 있는 곳이 진주처眞住處라고 한다. 이러한 참다운 안주처란 중간과 유무에 집착해서는 안 되며 탈연脫然하여 의탁하는 바가 없어야 하며 의탁하는 바가 없다는 생각까지도 잊어야 현금現今 주처가 진주眞住가 될 수 있는 것이다.

이러한 경계는 머리가 깨끗해 티끌 같은 머리카락 하나 없이 맑은 모습이며 속진俗塵의 세계에 발을 내딛지 않는 본래 청정本來淸淨한 모습이기도 하다.

헤아릴 수 없는 중생을 교화하였지만, 일찍이 중생을 교화한 생각이 없는 것은 시류時流에 편승하되 시류에 물들지 않는 장부의 자재무애自在無碍한 모습인 것이다.

이러한 자재무애는 나비가 춤을 추는 첫모습처럼 생동감 넘치는 힘이 있고 미세한 분자를 나누어 능용能用하는 자재自在의 모습이기도 하다.

왜냐하면, 만약 보살이 아상·인상·중생상·수자상이 있으면 보살이 아니기 때문이니라.
이런 까닭으로 수보리야 실로 법에는 아뇩다라삼먁삼보리심을 발할 것이 없느니라.

何以故 須菩提 若菩薩 有我相 人相 衆生相 壽者相 卽非菩薩
所以者何 須菩提 實無有法 發阿耨多羅三藐三菩提心者
하이고 수보리 약보살 유아상 인상 중생상 수자상 즉비보살
소이자하 수보리 실무유법 발아뇩다라삼먁삼보리심자

少他一分又爭得
소타일분우쟁득

저 한 푼도 적다 하면
또 어찌 얻겠는가?

주관과 객관이 무너지고 능소能所가 구적俱寂한 경지에도 오히려 일 분一分의 모습이 남아 있는 것이다.
그러나 일 분의 경계인 금강경의 무주無住를 통해서 진주眞住를 찾는 것은 부인할 수 없는 일이지만 실상반야實相般若로 관한다면 또 어찌 얻는다고 말하겠는가? 깨달음은 언제나 중생과 부처의 양쪽 경계를 넘볼 수 있는 안목을 지녀야 한다.

獨坐悠然一室空 更無南北與西東
독좌유연일실공 갱무남북여서동

雖然不借陽和力 爭奈桃花一樣紅
수연불차양화력 쟁나도화일양홍

홀로 유연히 앉으니
일실一室이 텅 비었네
다시 남북과 서동이라
할 것 없어라
비록 이렇게 햇빛을
빌리지 않아도
복숭아꽃 한 모습으로 붉은 것을
어찌하겠는가?

사상四相을 떠난 곳에 보살의 마음이 있다고 했지만, 법에는 실로 아뇩보리심을 발한 사실이 없는 것은 인연을 가장한 깨달음이 아니라 드러내는 모양이 없는 마음 자체가 깨달음의 이치에 도달한 것이다. 다시 말해서 수단을 빌리는 것은 목적을 달성하기 위함이지만 실상은 이러한 수단을 가장하는 것이 없이 그대로 실상일 뿐이다.

따스한 봄날에 복숭아 꽃이 붉게 피는 것은 봄빛이 있어야 핀다는 모습을 드러내든가, 봄빛을 가장하지 않아도 복숭아 꽃은 붉게 피는 것이다.

보살이 무상하면서도 드러난 모습을 드러내는 이치가 이와 같음을 알아야 한다. 조용히 방 안에 앉아 텅빈 공간에 일념도 일어나지 않는 경계에 이르면 동서남북의 방위는 필요 없는 것이며 오히려 남북동서가 본래 없는 줄을 알게 되는 것이다.

수보리야 너의 뜻은 어떠한가. 여래가 연등부처님의 처소에서 아뇩다라삼먁삼보리를 얻은 법이 있다고 하겠는가?
그렇지 않습니다, 세존이시여.
제가 부처님께서 말씀하신바 뜻으로 알기로는 부처님이 연등부처님의 처소에서 아뇩다라삼먁삼보리를 얻은 것이 없습니다.
부처님께서 말씀하시기를 그렇고 그런 것이니라.

須菩提 於意云何 如來 於燃燈佛所 有法得阿耨多羅三藐三菩提不 不也 世尊 如我解佛所說義 佛 於燃燈佛所 無有法得阿耨多羅三藐三菩提 佛言 如是如是
수보리 어의운하 여래 어연등불소 유법득아뇩다라삼먁삼보리부 불야 세존 여아해불소설의 불 어연등불소 무유법득아뇩다라삼먁삼보리 불언 여시여시

若不同床睡 爭知紙被穿
약불동상수 쟁지지피천

만약 같은 침상에 자지 않고서
어찌 종이 같은 잠옷 뚫어진 줄 알겠는가

부처님께서 수보리에게 물은 뜻을 바로 알고 바로 대답하는 수보리의 마음이나 부처님께서 "그렇다"라고 인정해 주신 말씀은 동성상응同聲相應하는 모습이며 동기상구同氣相求 하는 것이다.

예를 들면 같은 침상에서 뒹구는 몸이 아니면 상대의 잠옷이 뚫어진 것을 어떻게 알 수 있겠는가.

수보리와 부처님은 모두 이근보살利根菩薩이기 때문에 상相에 집착하여 마음을 내는 중생과는 다른 것이다. 이처럼 부처님과 수보리의 한목소리가 조금도 상반된 모습을 보이지 않는 것은 모두 수승한 보살이기 때문에 중생과 다른 것이다.

打鼓弄琵琶 相逢兩會家
타고농비파 상봉양회가

君行楊柳岸 我宿渡頭沙
군행양유안 아숙도두사

江上晚來疎雨過 數峯蒼翠接天霞
강상만래소우과 수봉창취접천하

북 치는 사람 비파 뜯는 사람이여
서로 만나 집에 모였네

그대는 버드나무 언덕을 걷고

나는 강 건너 나루터에 잠자네

강물 위에 늦도록

이슬비 지나가고

여러 산봉우리 푸르러

하늘가에 접했네

    수보리가 부처님을 만나서 주고받는 얘기는 북 치는 사람과 비파를 뜯는 사람이 만나는 것과 같다.
    장단이 너무나 잘 맞는 것은 무심無心과 무상無相으로 나타나는 모습이기에 뜻 맞는 나그네가 강가의 버들가지 아래서 콧노래를 부르고 행인行人을 실어나르는 나루터渡頭沙의 모래밭에서 잠을 자는 것과 같다.
    그뿐만 아니라 수보리와 부처님의 마음은 강물 위로 지나치는 이슬비가 내리면 산봉우리 푸른 모습이 수평의 언덕처럼 더욱 푸르러 푸른 하늘과 연결되어 하나 된 모습을 보는 것과 같은 것이다. 중생이 부처님의 경전 속 내용을 이해하는 것도 이런 모습이어야 한다는 것을 말하니, 결국 나와 너의 대립개념을 무너뜨려야 한다는 것이다.

    수보리야 실로 여래가 아뇩다라삼먁삼보리를 얻은 법이 없느니라.
    수보리야 여래가 아뇩다라삼먁삼보리를 얻은 법이 있었다고 하면

연등부처님께서 곧 나에게 수기授記[46]를 주면서 "네가 다음 세상에 마땅히 부처가 되어 호를 석가모니"라 한다고 하지 않았을 것이지만 실로 아뇩다라삼먁삼보리를 얻은 법이 없다고 하였기 때문에 이런 까닭으로 연등부처님이 나에게 수기를 주면서 이렇게 말씀하기를 "네가 다음 세상에 마땅히 부처가 되어 호를 석가모니라 한다." 하셨느니라

須菩提 實無有法 如來得 阿耨多羅三藐三菩提
須菩提 若有法 如來得 阿耨多羅三藐三菩提者 燃燈佛 卽 不與我授記
汝於來世 當得作佛 號 釋迦牟尼 以實無有法 得阿耨多羅三藐三菩提
是故 燃燈佛 與我授記 作是言 汝於來世 當得作佛 號 釋迦牟尼
수보리 실무유법 여래득 아뇩다라삼먁삼보리
수보리 약유법 여래득 아뇩다라삼먁삼보리자 연등불 즉 불여아수기
여어래세 당득작불 호 석가모니 이실무유법 득아뇩다라삼먁삼보리
시고 연등불 여아수기 작시언 여어래세 당득작불 호 석가모니

貧似范丹 氣如項羽
빈사범단 기여항우

가난하기는 범단과 같으나

---

46 수기授記 : 부처님께서 깨달아가는 중생들에게 오는 세상에는 반드시 부처라는 이름을 가질 수 있음을 예언하는 것을 말한다.

기운은 항우와 같네

가난은 물질적인 것, 기운은 정신이다. 따라서 드러난 모습이 가난하다고 하늘을 꿰뚫는 의기義氣가 없다고 하겠는가.

연등부처님이 전생에 부처님께 수기를 주신 것은 부처님이 사상四相이 없었기 때문이다.

上無片瓦 下無卓錐
상무편와 하무탁추

日往月來 不知是誰
일왕월래 부지시수

噫!
억!

위로는 조각 기와 덮을 곳 없고

아래는 송곳 세울 곳 없네

해가 가고 달이 오니

이 누구인 줄 알지 못하네

억!

옛날 중국에 범단이란 사람은 가난하기가 말할 수 없었고 항우라는 사람은 힘이 장사였다고 한다. 따라서 범단과 같이 청빈淸貧한 모

습은 본래청정本來淸淨의 깨끗한 모습에 비유한 것이다. 기왓장을 덮
을 집이 있고 송곳을 세울 땅이 있는 것은 결코 청정안주처淸淨安住處
는 아니다.

탈속脫俗한 청빈淸貧의 모습 속에 만상萬像을 삼키는 힘이 있음을
누가 알겠는가. 부처님이 연등부처님의 처소에서 수기를 받았다는 마
음을 수보리는 알았지만 누가 알았다는 말을 하겠는가.

섣불리 생각하는 것을 꾸짖기 위해서 야부 스님께서 간절한 말씀
을 부쳐두는 것이다.

왜냐하면, 여래라는 것은 곧 모든 법이 여여한 뜻이기 때문이니라

何以故 如來者 卽諸法如義
하이고 여래자 즉제법여의

○
住住 動着則三十棒
주주 동착즉삼십봉

○ 이여
주住하고 주住할 것인가?
움직이면 방망이 삼십대니라

둥근 원상을 보고 무슨 생각을 내겠는가?

여래라는 것은 모든 법이 여여如如하다는 뜻이라고 하는데 이것은 둥근 모습과 같은 것이다. 둥근 모습처럼 평등한 진리는 중생과 부처가 병침并沈하고 자타自他가 구민俱泯하고 천지가 전전轉轉하며 수산水山이 일양一樣일 뿐이다.

이런 이치를 깨달으면 유상有相에 동하지 말아야 한다. 만약 생각을 움직이면 몽둥이 30방도 부족하다 할 것이다. 따라서 누구나 본래 구족한 마음 부처를 관조하는 마음이 있어야 하는 것이다.

上是天兮下是地 男是男兮女是女
상시천혜하시지 남시남혜여시녀

牧童撞着牧牛兒 大家齊唱囉囉哩
목동당착목우아 대가제창라라리

是何曲調萬年歡
시하곡조만년환

위는 하늘이여

아래는 땅이라네

사내는 남자여

계집은 여자라네

목동이 소 먹이는 아이를

붙들고 있으니

모두가 한가지로
라라리를 부르네
이것이 무슨 곡조인가?
만년의 기쁨이라네

깨달은 사람이 깨달음의 소리를 알 수 있는 것은 깨달은 자만이 가능한 것이다. 부처님과 수보리의 주고받는 대화를 수많은 대중이 즐겁게 듣고 있다.

법을 설하고 법을 알고 법을 듣는 자가 있는 것은 참으로 즐거운 일이다. 즐거운 마음이 만년토록 이어질 것이라면 저마다의 모습 속에 석가의 모습이 살아 숨 쉬고 저마다의 모습이 춤추듯 걸림 없는 곡조를 가지고 있으니 무생곡無生曲과 무생락無生樂이 자가自家의 보배임을 알아야 한다.

또한, 이러한 경계는 소를 먹이는 목동이 소먹이는 아이를 붙들고 콧노래 부르는 것과 같이 무심한 기쁨만이 가득할 뿐이다.

모든 집착을 버리고 자연의 풍광 속에서 목동들의 콧노래는 유유자적悠悠自寂한 깨달음의 환희라고 할 수 있다.

만약 어떤 사람이 말하되 여래가 아뇩다라삼먁삼보리를 얻었다고 하면 수보리야 실로 불佛이 아뇩다라삼먁삼보리를 얻은 법이 없는 것이니 수보리야 여래의 얻은바 아뇩다라삼먁삼보리는 이 가운데 실다움도 없고 헛됨도 없는 것이니라

若有人 言如來得 阿耨多羅三藐三菩提 須菩提 實無有法 佛 得阿耨多
羅三藐三菩提 須菩提 如來所得 阿耨多羅三藐三菩提 於是中 無實無虛
약유인 언여래득 아뇩다라삼먁삼보리 수보리 실무유법 불 득아뇩다
라삼먁삼보리 수보리 여래소득 아뇩다라삼먁삼보리 어시중 무실무허

富嫌千口少 貧恨一身多
부혐천구소 빈한일신다

부자富者는 입이 천 개라도 적음을 혐오하고
빈자貧者는 한 몸도 많음을 한탄하네

여유 있는 부귀를 누리는 사람일수록 만족할 줄 모르는 것은 아뇩보리를 여래가 얻은 것이 있다고 믿는 마음이다.

가난한 사람이 제 몸을 가누지 못하는 것을 한탄하듯 밖을 보고 깨달음을 얻지 못했다고 분별을 일으키는 마음이 있는 사람은 깨닫지 못한 마음에 집착하는 것과 같은 것이다.

이러한 집착상을 없애기 위해 여래의 법은 실實하되 실한 것이 없으며 허虛하되 허함이 없다고 말하는 것이다. 언제나 부처님의 입장과 중생의 입장에서 생각하는 마음이 깨달음의 길이 된다는 것을 말한다. 따라서 부처님과 수보리는 반복적으로 깨달아가는 마음의 표현을 드러내어 집착을 끊게 하고 있는 것이다.

生涯如夢若浮雲 活計都無絶六親
생애여몽약부운 활계도무절육친

留得一雙靑白眼 笑看無限往來人
유득일쌍청백안 소간무한왕래인

삶이 꿈과 같고

뜬구름 같으니

살 계략이 도무지 없고

육친도 끊어졌네

한 쌍의 푸르고 흰 눈동자

얻어가져

웃음지으며 끝없이

가고 오는 사람을 본다네

　　여래가 얻은 법은 실다움도 없고 헛됨도 없다면 이런 경지를 표현할 수 있는 말은 무엇인가. 삶의 본질은 뜬구름과 같이 실체가 없기 때문에 여래가 법을 얻었지만 얻은 바 없는 것과 같다.
　　삶에 집착을 버린 것은 본래의 면목을 찾았기 때문이다. 깨달음을 얻었으나 본래 깨달은 바 없음을 알고 있는 것과 같은 것이다.
　　푸른 눈썹에 흰 눈을 가지고 숱한 사람들의 왕래를 보는 것은 깨달은 후에 헤아릴 수 없는 중생을 교화하였지만 교화했다는 생각이 끊어진 마음이다.

이런 까닭으로 여래가 말하되 일체법이 모두 다 불법이라 하느니라.

是故 如來說一切法 皆是佛法
시고 여래설일체법 개시불법

明明百草頭 明明祖師意
명명백초두 명명조사의

분명하고 분명한 백초의 머리여
분명하고 분명한 조사의 뜻이라네

　일체 모든 법이 부처님의 깨달은 법이라고 하였으니 삼라만상 속에 어디에서나 쉽게 볼 수 있는 풀잎의 하나하나 움직이는 모습이 조사의 깨달은 깊은 뜻이 아니고 무엇이겠는가.
　깨달음의 법은 숨겨진 곳에 움직이지 않는 것이 아니라 눈뜨면 쉽게 볼 수 있는 무한한 변화의 사물들에서 나타나고 있음을 알아야 한다. 향기로운 꽃이 꽃향기를 스스로 말하지 않듯 깨달음의 법은 스스로 깨달음을 말하지 않는 것이다.

會造逡巡酒 能開頃刻花
회조준순주 능개경각화

琴彈碧玉調 爐煉白硃砂
금 탄 벽 옥 조 노 련 백 주 사

幾般伎倆從何得 須信風流出當家
기 반 기 량 종 하 득 수 신 풍 류 출 당 가

만나면 얼큰한 술 빚어 놓고

능히 경각에 꽃 피우네

거문고에 벽옥 같은 곡조를 타고

화로에 희고 붉은 숯덩이 달구어 놓네

몇 가지 기량을

어디에서 얻었는가

모름지기 풍류風流가 제집에서

나왔음을 믿는다네

    준순주란 얼큰한 술을 말한다. 얼큰한 술이 있는 곳에 꽃이 있고 꽃이 있는 곳에 벽옥 같은 곡조가 있고 곡조가 있는 곳에 따스한 화롯불이 있다면 이런 기쁨을 누가 알겠는가.

    저마다 이런 기쁨을 누릴 수 있는 기량을 가지고 있으나 자신의 마음에서 나오는 멋인 줄을 믿지 못한다. 깨달음은 삶의 행위 속에 거짓됨이 없는 무심으로 이루어질 수만 있다면 불법은 언제나 내곁에 있는 것이다. 따라서 풍류란 물질로서 만드는 것이 아니다. 마음에 있음을 알 때 일체 모든 사물들의 모습이 그대로 부처님의 모습이 되는 것이다.

수보리야 말한바 일체법이란 곧 일체법이 아니다. 이런 까닭으로 이름을 일체법이라 할 뿐이니라.

須菩提 所言一切法者 卽非一切法 是故 名一切法
수보리 소언일체법자 즉비일체법 시고 명일체법

上大人 丘乙⁴⁷己
상대인 구을 기

상대인이여 구을의 몸이라네

세상에서 공자孔子는 덕성德聖으로 추앙받는다. 모든 사람이 공자와 같은 덕을 갖추기를 원한다면 공자는 한 개인의 이름이 아니다. 만인이 흠앙하여 돌아가 의지할 바라 할 수 있다.

이와 같이 부처님이 말씀한 이름이 일체법이라고 한 것은 모든 사람이 이 법을 깨닫고자 하는 것이다. 훌륭한 대인이라 할 수 있는 공성孔聖을 통해서 덕성德性을 닦듯이 일체법을 통해서 천진불체天眞佛體를 만나게 된다. 진정한 불법은 일체법을 떠나서는 만날 수 없음을 말하고 있다.

---

47 구을丘乙 : 공자를 일컬음.

是法非法不是法 死水藏龍活鱍鱍
시법비법불시법 사수장용활발발

是心非心不是心 逼塞虛空古到今
시심비심불시심 핍새허공고도금

祇者是 絶追尋
지자시 절추심

無限野雲風捲盡 一輪孤月照天心
무한야운풍권진 일륜고월조천심

법이 비법이며

법이 아니라 함이여

죽은 물에 숨은 용이

살아 팔팔하네

이 마음 마음 아니며

이 마음 아니라 함이여

벽을 둘러친 듯한 허공이

옛날이나 이제라네

다만 이것이라 할 뿐 추심할 수도 없네

한없는 뜬구름을

바람이 거두어 가니

한 덩이 외로운 달이

하늘 가운데 빛나네

일체법이 법이 아니며 이름이 법일 뿐인 것을 깊이 생각해야 한다. 이것은 유무有無에 치우치지 아니하고 중도中道의 실상을 나투기 위한 말씀이다.

일체법이 공空하였으나 공중空中에 묘유妙有가 있음을 보인 것이다.

마치 생명이 살아갈 수 없는 물속에서 용이 살아 숨 쉬듯 하고 옛날이나 이제나 허공이 변함없이 공간을 형성하고 있는 것과 같다.

부처님의 깨달은 바 법은 내외중간內外中間도 아닌 목전目前에 분명히 현혁顯赫하고 있다. 이런 깨달음의 자리에는 번뇌의 물결인 구름이 자취를 감추고 휘영청 둥근 달이 온 천지를 훤히 비추는 것과 같다. 따라서 일체법에는 성인과 범부, 깨달음과 어리석음이 함께하고 있으면서 본래 둘이 아닌 하나의 진리 속에 있음을 알아야 한다.

수보리야 비유하면 사람 몸이 장대한 것과 같은 것이니라. 수보리가 말하되 세존이시여 여래가 말한 사람 몸이 장대하다고 하신 것은 곧 큰 몸이 아니기 때문이며 이 이름이 큰 몸일 뿐입니다.

須菩提 譬如人身長大 須菩提 言 世尊如來 說人身長大 卽爲非大身 是名大身
수보리 비여인신장대 수보리 언 세존여래 설인신장대 즉위비대신 시명대신

喚作一物卽不中
환작일물즉부중

한 물건이라 불리도 곧 맞지 않는 것이라네

마음이 곧 부처라고 하는 것은 마음이 곧 부처가 아니라는 것이다. 유무에 떨어지지 않고 일물一物이라 하는 것도 맞지 않는 것이다.
왜냐하면 대신大身과 비대신非大身은 이름일 뿐 실상에는 이름이 없기 때문이다.

天産英靈六尺軀 能文能武善經書
천산영령육척구 능문능무선경서

一朝識破孃生面 方信閑名滿五湖
일조식파양생면 방신한명만오호

하늘이 영령한 육척의

몸을 만들었나니

글도 능하고 무술도 능하며

경서도 잘하네

하루아침 어머니가 낳은

얼굴을 알아보니

바야흐로 한가로운 이름이

오호에 가득한 줄 믿을 수 있네

예로부터 뛰어난 영웅은 하늘이 만든다고 한다. 인간 세상에서는 그를 준걸俊傑이라고도 한다. 이러한 준걸은 글씨도 능하고 무술도 능하고 경서도 좋아하는 것이다. 이처럼 훌륭한 대신大身만 믿고 올바른 안목을 갖지 못한다면 오히려 어머니가 낳아준 육신이 되어 곳곳마다 이름이 남아 있을 뿐, 참부처의 영혼은 남길 수 없다.

참다운 한명閑名은 한명閑名이 아니고 이름이 한명閑名일 뿐이다.

수보리야 보살도 또한 이와 같이 만약 이런 말을 짓되 내가 마땅히 한량없는 중생을 멸도한다 하면 곧 보살이라 이름하지 않는 것이니 왜냐하면 수보리야 실로 법에 보살이라 이름할 것이 없기 때문이니라.

이런 까닭으로 부처는 말하기를 일체법이 아我도 없고 인人도 없고 중생衆生도 없고 수자壽者도 없다고 하는 것이니라.

須菩提 菩薩 亦如是 若作是言 我當滅度 無量衆生 卽不名菩薩

何以故 須菩提 實無有法 名爲菩薩

是故 佛說一切法 無我 無人 無衆生 無壽者

수보리 보살 역여시 약작시언 아당멸도 무량중생 즉불명보살

하이고 수보리 실무유법 명위보살

시고 불설일체법 무아 무인 무중생 무수자

喚牛卽牛 呼馬卽馬
환우즉우 호마즉마

소라 부르면 곧 소가 되고
말이라 부르면 곧 말이 되네

부처님이 보살의 정의를 사상四相이 없는데 이름하는 것이라 하였으니 잘못하면 없다는 생각에 집착할 수도 있다. 그러므로 실상의 이치에서는 상相도 없고 이름할 것도 없지만, 관조觀照의 이치에서는 반드시 없다고만 할 수는 없는 것이다.

따라서 우牛를 부르고 마馬를 부르는 것은 법에 집착이 없는 깨달음의 경지에서 생각하므로 무엇이라 이름 붙여도 장애가 될 것이 없다.

법이란 진리 자체가 본래 변화를 일으킨 일이 없으므로 이름하고 이름하지 않는 것은 깨달아가는 사람의 차이가 다를 뿐이다.

借婆衫子拜婆門 禮數周旋已十分
차파삼자배파문 예수주선이십분
竹影掃階塵不動 月穿潭底水無痕
죽영소계진부동 월천담저수무흔

할머니 저고리 빌려 입고
할머니 문전에 절하니

절한 수가 두루 반복한 지
이미 끝이 없다네
대나무 그림자 뜨락 쓸어도
티끌은 움직이지 않고
달이 못 속을 뚫었어도
물 위는 흔적이 없네

　　오인悟人의 경계는 깨달은 사람만이 알 뿐이듯 부처님이 말씀하신 모든 설법이 할머니가 할머니의 옷을 빌려 입고 할머니의 문전에 절을 하는 것과 다름이 아니다.
　　진리의 말씀은 진리의 자체를 향하는 말씀이기 때문에 소리에 깨우칠 수 있는 사람은 저마다 소리를 알아듣는 귀를 가지고 있으므로 귀를 열고 열지 않는 것은 귀 가진 자의 몫이다.
　　깨달은 사람의 경계는 어떠한 동요가 있어도 그것은 대나무 그림자가 마당을 쓰는 것 같아서 본래 흔적이 없다.
　　쓸어도 흔적 없듯이 중생을 모두 멸도해 마친다 해도 멸도해 마친 일이 없는 것이다. 그러나 중생의 입장에서는 왜 유무의 차이가 없다고 하겠는가. 이와 같이 중생이 부처가 될 수 있는 것은 이런 견해를 갖고자 눈을 뜨는 데 있는 것이며 금강경 속에 집착을 끊어가는 마음을 보아야 한다.

　　수보리야 만약 보살이 이런 생각을 짓되 내가 마땅히 불토를 장엄

한다 하면 이것은 보살이라 이름할 수 없는 것이다.
왜냐하면 여래가 해설한 불토를 장엄하다 한 것은 곧 장엄이 아니며 이름이 장엄일 뿐이기 때문이다.
수보리야 만약 보살이 무아無我의 법을 통달한 것은 여래가 해설하기를 이름이 참다운 보살이라 하나니라

須菩提 若菩薩 作是言 我當莊嚴佛土 是不名菩薩
何以故 如來說 莊嚴佛土者 卽非莊嚴 是名莊嚴
須菩提 若菩薩 通達無我法者 如來 說名 眞是菩薩
수보리 약보살 작시언 아당장엄불토 시불명보살
하이고 여래설 장엄불토자 즉비장엄 시명장엄
수보리 약보살 통달무아법자 여래 설명 진시보살

寒卽普天寒 熱卽普天熱
한즉보천한 열즉보천열

춥다 하면 온 하늘이 춥고
덥다 하면 온 하늘이 덥네

무아無我의 법을 통달하면 언言과 행行이 문수文殊의 지혜나 보현의 행문行門이 아님이 없다.
따라서 내가 춥다 하면 온 경계가 추운 것이 되며 내가 덥다 하면

온 경계가 더운 것이지 경계에 따라 춥고 더운 것이 아니다.

참으로 무아無我의 법을 깨달은 것은 유무有無의 법을 아는 것과 같아서 주객主客의 차이나 부처와 중생의 차이를 본래 나눈 것이 아니라 하나임을 알게 된다. 이것이 금강경의 참 법문임을 깨달아야 한다.

有我元無我 寒時燒軟火
유아원무아 한시소연화

無心似有心 半夜拾金針
무심사유심 반야습금침

無心無我分明道 不知道者是何人
무심무아분명도 부지도자시하인

呵呵!
하하!

아我가 있으나 원래 아我 없는 것이

추운 때 은은한 불을 피우듯 하고

무심이 유심인 듯한 것은

어두워지는 밤 금 바늘을 줍는 것

무심과 무아를 분명히 일렀지만

알지 못한다 하는 것은 어느 사람인가?

하하!

문수보살과 같은 지혜의 눈을 가지면 추운 날씨에 불을 지펴 따스함을 느끼더라도 불이 따스한 것이 아니라 마음의 작용이 따스함을 일으킨 줄 알게 된다.

무심無心과 유심有心의 분별은 본래 나누어진 마음이 아닌 일심一心의 체體에서 나타난 것이다.

따라서 이심二心이 일심一心에서 나누어진 이치를 알면 어두워지는 밤이라 해도 금침金針을 찾아내는 데 어려움이 없다.

문수와 보현이 본래 두 보살이 아니다. 다만 깨닫지 못한 중생을 위해서 나투어진 그림자에 불과한 것이다.

이렇듯 부처님의 세계는 유무심有無心을 잘 쓰고 있으나 중생은 집착을 일으켜 유무심을 나누어 분별을 일으키는 것이다.

이것이 깨달은 자와 어리석은 자의 차이라고 한다.

18

一體同觀分

일체동관분

부처와 중생이
한 몸에서
나누어진 것으로
보아야 한다

수보리야 너의 뜻은 어떠한가. 여래가 육안이 있다고 생각하겠는가?
그렇습니다. 세존이시여 여래께서는 육안이 있습니다.
수보리야 너의 뜻은 어떠한가. 여래가 천안이 있다고 생각하겠는가?
그렇습니다. 세존이시여 여래께서는 천안이 있습니다.
수보리야 너의 뜻은 어떠한가. 여래가 혜안이 있다고 생각하겠는가?
그렇습니다, 세존이시여. 여래께서는 혜안이 있습니다.
수보리야 너의 뜻은 어떠한가. 여래가 법안이 있다고 생각하겠는가?
그렇습니다. 세존이시여 여래께서는 법안이 있습니다.
수보리야 너의 뜻은 어떠한가. 여래가 불안이 있다고 생각하겠는가?
그렇습니다. 세존이시여 여래께서는 불안이 있습니다.

須菩提 於意云何 如來有肉眼不

如是 世尊 如來有肉眼

須菩提 於意云何 如來有天眼不

如是 世尊 如來有天眼

須菩提 於意云何 如來有慧眼不

如是 世尊 如來有慧眼

須菩提 於意云何 如來有法眼不

如是 世尊 如來有法眼

須菩提 於意云何 如來有佛眼不

如是 世尊 如來有佛眼

수보리 어의운하 여래유육안부

여시 세존 여래유육안

수보리 어의운하 여래유천안부

여시 세존 여래유천안

수보리 어의운하 여래유혜안부

여시 세존 여래유혜안

수보리 어의운하 여래유법안부

여시 세존 여래유법안

수보리 어의운하 여래유불안부

여시 세존 여래유불안

盡在眉毛下
진 재 미 모 하

모두 눈썹 아래 있네

부처님께서 수보리에게 다섯 가지 눈이 있음을 묻고 수보리는 있다고 대답한다.

오안五眼의 뜻을 풀이하면 첫째는 육안肉眼으로 외경外境에 장애를 일으키는 눈을 말한다. 밖의 물체에 따라 눈의 견見·불견不見과 색을 구별 짓는다는 뜻이며, 둘째, 천안天眼으로 인간 세상의 변화는 물론 제천諸天의 미세한 색깔까지 구별 짓는 뜻이며, 셋째, 혜안慧眼으로 근본지根本智가 되며 내외사물內外事物을 보는 견해이며, 넷째, 법안法眼

으로 수행을 통해 얻은 경험의 안목이니 이러한 안목을 가지고 수많은 사람을 제도하는 것이며, 다섯째, 불안佛眼으로 앞의 네 가지 안목을 완전히 갖추어 일체종종색一切種種色을 보지만 물질에 집착을 일으키지 않는 안목을 말한다.

그런데 이러한 오안五眼도 모두 눈썹 아래 있는 것이지 눈썹 위에나 얼굴의 보편적인 형태를 벗어나 있지는 않다는 것이다.

그렇지만 드러난 안목은 육안뿐이다. 육안을 갖춘 사람은 네 가지를 다 볼 수 있는 것이 반야지般若智인 것이다. 반야지의 안목을 갖추면 오종五種의 안眼을 갖추게 될 수 있음을 밝히는 것이다. 반야지는 오안五眼의 실체를 인정하면서도 오안에 집착하지 않는 지혜를 말하는 것이니 이를 깨우치기 위한 말씀을 하시기 위해 오안에 대하여 자세히 설명해 주시는 것이다.

　　如來有五眼 張三只一雙
　　여래유오안　장삼지일쌍

　　一般分皂白 的的別青黃
　　일반분조백　적적별청황

　　其間些子爻訛處 六月炎天下雪霜
　　기간사자효화처　육월염천하설상

　　여래는 오안五眼[48]이 있으나

48　오안五眼 : 1. 육안肉眼은 사람이 갖고 있는 육신의 눈을 말함. 2. 천안天眼은 멀

장張씨가 셋이라도 눈은 한 쌍이라네
한가지 검고 흰 것 나누어지고
적적的的하여 청황青黃이 분별 된다네
그사이 조금 그릇된 곳은
유월六月 더운 날 눈 서리 내리 듯하네

    여래는 오안五眼이 있으나 중생은 오안이 없다. 깨달은 사람에게 오안이 비록 있다고 하지만, 그 자취는 없다는 것이다.
    왜냐하면, 오안은 본래구족本來具足한 것이지만 미망迷妄의 눈을 가진 중생으로서는 본래 갖춰진 혜안慧眼과 불안佛眼을 밝히지 못하기 때문이다.
    육안과 천안과 법안은 수행修行의 결과로써 얻을 수 있음을 알 수 있으나 혜안과 불안은 작용은 하되 그 자취를 나투지 않으므로 유월염천六月炎天에 눈 서리가 내리면 바로 없어지듯 흔적을 찾을 수 없다.
    더운 날씨에 눈 서리 내리는 것은 즉시 녹아 버리듯이 중생의 눈으로는 도저히 볼 수 없다. 그렇지만 반야의 눈으로 볼 것 같으면 분명 청황青黃과 조백皂白이 분별 되듯이 훤히 볼 수 있는 것이다. 이러므로 반야지般若智를 얻게하기 위하여 부처님의 무진법문이《금강경》

고 가까운 것, 앞과 뒤, 낮과 밤, 위아래의 구별 없이 볼 수 있는 눈. 3.혜안慧眼은 중생이 있으므로 상相이 있어 상의 근본이 멸滅하여 지혜가 스스로 안으로 나타나는 경계를 말함. 4.법안法眼은 중생을 해탈케 하는 눈을 가진 것을 말하며 5. 불안佛眼은 온 우주를 두루 통하여 훤히 보면서도 보는 이도 없고 보이는 경계도 없는 능소能所의 차별상이 끊어진 경계를 말함.

속에서 설해지고 있는 것이다.

수보리야 너의 생각은 어떠한가. 저 항하恒河 가운데 있는 모래알을 부처가 이것이 모래알이라고 하겠는가?
그렇습니다, 세존이시여. 여래께서는 이것을 모래알이라고 하십니다. 수보리야 너의 생각은 어떠한가. 저 항하 가운데 있는 모래알 숫자만큼이나 많은 항하恒河가 있고 이렇게 많은 항하의 강 물속에 모래알의 숫자만큼 부처의 세계가 있다고 한다면 차라리 많다고 하지 않겠는가?
심히 많다고 하겠습니다. 세존이시여.
부처님이 수보리에게 이르시되 저곳 국토 가운데 있는 중생들의 약간 종류의 마음을 여래가 다 아는 것이니라.

須菩提 於意云何 如恒河中所有沙 佛說是沙不

如是 世尊 如來說是沙

須菩提 於意云何 如一恒河中所有沙 有如是沙等恒河 是諸恒河

所有沙數佛世界 如是 寧爲多不

甚多 世尊

佛告須菩提 爾所國土中 所有衆生 若干種心 如來悉知

수보리 어의운하 여항하중소유사 불설시사부

여시 세존 여래설시사

수보리 어의운하 여일항하중소유사 유여시사등항하 시제항하

소유사수불세계 여시 영위다부
심다 세존
불고수보리 이소국토중 소유중생 약간종심 여래실지

曾爲蕩子偏憐客
증위탕자편련객

慣愛貪盃惜醉人
관애탐배석취인

일찍이 탕자가 되었으니
참으로 가련한 객이었네
애착을 익혀 술잔을 탐하니
불쌍한 취인이라네

주색酒色에 빠져 자기를 잃어버리고 떠돌이 생활을 하는 사람을 탕자라고 한다.
깨달음의 안목을 가진 경지에서 중생을 보고 어리석음의 행위를 보면 자기를 잃어버리고 명리名利를 좇아 끝내 덧없는 인생을 마감하게 되는 것이 탕자와 다를 바가 없다는 것이다.
법화경에도 궁자窮子의 비유가 이와 비슷하지만, 자가自家의 심보心寶를 잃어버리고 살아가는 생활이 부처님의 경지에서 보면 불쌍하고 가련한 것이다.

이런 미망중생迷妄衆生의 마음을 다 알고 본다고 하였으니 이것이야말로 대자대비의 원력이 아니고 무엇이겠는가. 여래는 언제나 중생의 경계 속에서 살아 숨 쉬고 있으므로 반야를 깨닫는 자에게는 반드시 나타나고 숨쉬고 있음을 믿어야 한다.

眼觀東南 意在西北
안관동남 의재서북

將謂猴白 更有猴黑
장위후백 갱유후흑

一切衆生一切心 盡逐無窮聲與色
일체중생일체심 진축무궁성여색

喝!
할!

눈은 동남을 보고

뜻은 서북에 있네

장차 후백이라 했더니

다시 후흑이 있었네

일체 중생들의

일체 마음이여

모두가 끝없는

소리와 물질을 쫓아 따르네

할!

중생의 마음이 천차만별하니 부처의 마음이 시방에 두루 한 것이다.

육안으로 소리와 빛을 쫓아가는 것이 마음과 다르니 옛날 춘추시대 진국陳國의 군사軍師 중에 후백猴白이 제일이라 하였으나 수국隋國의 군사인 후흑猴黑이 더욱 뛰어난 것과 같은 것이다.

이처럼 중생 세계에는 잘난 사람과 못난 사람이 뚜렷하고 모두가 자기의 잘난 모습에 도취 되어 살아가고 있지만, 부처님은 동체대비同體大悲의 마음을 가지고 어디에서나 차별 없이 중생을 살펴보고 있다. 따라서 몸과 마음이 한결같지 않아 번민하는 중생이 있기에 청산靑山에 백운白雲이 찾아들듯 여래는 중생의 모습에 은연히 나타나는 것이다.

왜냐하면 여래가 해설한 모든 마음이란 것은 모두 비심非心이 되는 것이며 이름이 마음이 될 뿐이니라

何以故 如來說諸心 皆爲非心 是名爲心
하이고 여래설제심 개위비심 시명위심

病多諳藥性
병다암약성

병의 종류가 많으니
처방약의 성질을 안다네

여래가 말씀하신 마음이라는 것은 중생의 마음을 알아보는 뜻일 뿐 마음이란 정의를 내릴 수는 없다. 오로지 이름을 마음이라 한 것은 중생의 마음이 너무나 많으니 그 마음을 다스리기 위해 부득이 '마음' 이란 이름을 붙이게 된 것이다. 중생의 병이 다양하므로 병을 다스리기 위해 다양한 처방의 해설을 붙인 것이 경전의 말씀이다. 세상 사람들이 병이 없으면 의사가 팔장을 끼고 있고, 중생이 마음에 때가 없으면 여래는 할 일이 없는 것이다.

一波纔動萬波隨 似蟻循環豈了期
일파자동만파수 사의순환기요기

咄!
돌!

今日與君都割斷 出身方號丈夫兒
금일여군도할단 출신방호장부아

한 파도가 일렁이면

만파가 따르니

개미의 순환과 같아

어느 때 끝날 수 있으랴

돌!

오늘 그대와 더불어

모두 끊어 버리니

출세한 몸이여
대장부라 이름하네

조건 없이 중생을 위하여 자비를 베푸는 여래의 마음을 알 수 있을 때 금강경의 뜻을 헤아리게 되는 것이다.

내심內心의 뜻을 맑게 갖지 못하면 한 파도가 만파를 일으키듯 끝없는 번민에 싸이는 윤회의 생활은 개미가 먼 곳을 보지 못하고 좁은 공간 속에서 돌고 도는 것과 같은 것이다.

이러한 삶을 벗어나기 위해서는 참으로 굳은 결단력이 필요한 것이다. 여래가 중생을 위해서 말씀하신 뜻을 알고 윤회의 생활을 반복하지 않고 마음의 때를 맑게 하는 굳은 결단력이 있을 때 그를 장부아라고 이름하는 것이다. 따라서 물질적 선행은 뿌린만큼 과보를 받지만 마음으로 깨닫는 참다운 법보시는 그 깊이를 헤아릴 수 없이 무궁하다.

무슨 까닭인가 수보리야 과거심도 가히 얻지 못하며 현재심도 가히 얻지 못하며 미래심도 가히 얻지 못하는 것이니라

所以者何 須菩提 過去心 不可得 現在心 不可得 未來心 不可得
소이자하 수보리 과거심 불가득 현재심 불가득 미래심 불가득

低聲低聲
저성저성

直得鼻孔裏出氣
직득비공리출기

소리를 낮추고 소리를 낮추라
바로 콧구멍 속에
공기가 통해야 한다네

마음의 작용은 느낄 수 있으나 형체는 찾을 수 없다. 과거의 마음과 현재의 마음과 미래의 마음을 과연 구분할 수 있겠는가. 마음의 표현을 소리나 언어를 빌려서 하는 것은 의미가 없다.

콧구멍 속에 호흡이 통하면 마음의 작용을 느끼게 된다. 따라서 야부 스님은 소리로써 마음을 말하는 것을 경계하고 콧구멍에 호흡을 통해서 느껴야 한다는 것이다.

옛날 중국 당나라 때 덕산德山 스님이라는 분은 평생토록 금강경을 연구하고 스스로 금강경의 대가大家로서 자부하였다.

또한 별호를 주금강周金剛이라 하여 금강경에 관한 뜻은 두루 알고 있다는 명성을 얻게 되었다. 어느 날 길을 가다 점심 시간이 되어 노파가 팔고 있는 떡을 보고 얼마냐고 물었다.

무심코 점심을 떡으로 먹기 위해 물었는데 그 노파는 덕산 스님에게 질문을 하나 던지게 되었다.

"스님! 스님께서 걸망에 짊어진 것이 무엇입니까?"
"네. 제가 평생토록 연구한 금강경을 짊어지고 있습니다."

"그래요, 제가 금강경의 내용 중에 과거심過去心 불가득不可得 현재심現在心 불가득不可得 미래심未來心 불가득不可得이란 구절이 있는데 스님께서는 점심으로 떡을 드시고자 하오니 어느 마음에 점을 찍어서 점심[点心]을 드실 것입니까?" 하였다.

이에 덕산 스님은 할 말을 잃고 돌아갔다는 것이다. 과거심은 지나갔고 현재심은 분명하지만, 마음의 형체를 드러낼 수 없고 미래심은 오지 않았으니 무엇이라 해야 할까.

여래의 마음은 이렇듯 이름은 있으나 형체를 드러낼 수 없다. 그렇다고 여래의 마음이 없다고 할 수도 없다. 왜냐하면, 힘보다는 지식이 앞서고 지식보다는 지혜가 능가한다는 것은 천고의 변하지 않는 진리이기 때문이다. 여래의 마음은 힘과 지식으로 아는 것이 아니라 반야의 지智로써 알 수 있는 것이다.

三際⁴⁹求心心不見 兩眼依前對兩眼
삼 제   구 심 심 불 견   양 안 의 전 대 양 안

不須遣劍刻舟尋 雪月風花常見面
불 수 유 검 각 주 심   설 월 풍 화 상 견 면

삼제에 마음 구하여도

---

49 삼제三際 : 과거, 현재, 미래 또는 삼세三世.

마음 볼 수 없네
두 눈으로 앞을 의지하여
두 눈이 마주하네
모름지기 칼을 잃고서
배를 깎아 찾지 말라
눈 속 달빛 바람결 꽃향기
언제나 얼굴로 본다네

여래의 마음은 먼 곳에 있는 것이 아니다. 마치 배를 타고 강을 건너는 사람이 배 위에서 칼을 잃어버렸다고 배를 뚫어 물속에서 칼을 찾는다면 어떻게 되겠는가. 그것은 두말할 것 없이 부질없는 짓이다.

마음의 칼은 저마다 본래 지니고 있으나 밖으로 찾는 것이 이와 같은 것이다. 육신의 두 눈은 마음의 두 눈을 의지해 있으니 전을 의지한 마음의 두 눈을 꿰뚫어 볼 수 있어야 한다.

눈 속의 하얀 달이나 바람결에 꽃향기는 언제나 안전眼前에 있는 것이다. 마음이 있는 자에게는 달과 꽃이 있어 언제나 맑고 향기롭게 작용을 하지만 육신의 눈을 가지고 사물을 보는 것은 있기도 하고 없기도 하여 삼제三際의 마음이 구별되기도 한다.

참지혜의 마음을 가지게 되면 과거심과 현재심 그리고 미래심이 모두 일원심一圓心에서 나왔음을 깨닫게 된다.

19

法界通化分

법계통화분

우주 법계는
넓게 소통하여
모든 중생을
교화하고 있다

수보리야 너의 뜻은 어떠한가. 만약 어떤 사람이 삼천대천세계에 가득한 일곱 가지 보배로써 보시한다면 이런 사람이 이런 인연으로 복을 얻는 것이 많다고 하지 않겠는가?
그렇습니다, 세존이시여. 이런 사람은 이런 인연으로써 복을 얻는 것이 심히 많다고 하겠습니다.
수보리야 만약 복덕이 실다움이 있다고 하면 여래가 복덕을 얻는 것이 많다고 말하지 않았을 것이지만 복덕이 실다움이 없는 것이기 때문에 여래가 복덕을 얻는 것이 많다고 하는 것이니라.

須菩提 於意云何 若有人 滿三千大千世界七寶 以用布施 是人 以是因緣 得福多不 如是 世尊 此人 以是因緣 得福 甚多 須菩提 若 福德 有實 如來不說 得福德多 以 福德無故 如來說 得福德多
수보리 어의운하 약유인 만삼천대천세계칠보 이용보시 시인 이시인연 득복다부 여시 세존 차인 이시인연 득복 심다 수보리 약 복덕 유실 여래불설 득복덕다 이 복덕무고 여래설 득복덕다

由勝別勞心
유승별노심

오히려 수고로운 마음이
특별히 수승한 것이라하네

작복作福의 인연을 알고 복성福性이 공한 줄 알지 못하면 수고로운 마음만 남게 되는 것이다. 그러므로 일곱 가지의 물질적 보배로써 보시하더라도 보배의 성질性質은 공空한 줄을 깨달아야 한다. 즉 보배는 무체성無體性이기 때문이다.

부처님께서 수보리에게 보시의 공덕이 많은 것은 중생의 선행공덕善行功德을 짓기 위해 많다고 말씀하셨지 성계聖界의 입장에서는 복성福性이 공하였기 때문에 많다고 말하지 않는다고 밝히신 것이다. 따라서 복은 그 자체의 생명력이 없기 때문에 짓는 자의 마음에 따른다는 것을 밝힌다.

羅漢應供薄 象身七寶珍
나한응공박 상신칠보진

雖然多濁富 爭似小淸貧
수연다탁부 쟁사소청빈

罔象[50]祇因無意得 禽婁[51]失在有心親
망상 지인무의득 금루 실재유심친

나한은 공양에 응함이 박하고

상신은 칠보가 진귀하네

비록 많이 탁부濁富하지만

---

50 망상罔象 : 눈이 어두운 사람. 맹인盲人을 일컬음.
51 금루禽婁 : 욕심이 많은 사람. 아는 것이 병이 된다는 것을 일컬음.

어찌 적은 청빈淸貧과 같으랴

망상罔象은 뜻 없는 것으로 인하여
얻었고

금루金婁는 마음에

친소가 있어 잃게 되었네

　망상이란 사람은 비록 육신의 눈은 봉사가 되어 어두웠지만, 무욕無欲의 마음으로 먼저 깨달을 수 있었지만, 금루라는 사람은 총명한 눈을 가져 사물을 밝게 볼 수 있었으나, 오히려 마음에 친소親疎의 차별을 갖게 되었으니 전자의 마음보다 못한 것이다.

　나한이란 마음을 닦는 자를 말하므로 중생들의 응공에 힘이 부족하여 청빈의 대상이 되지만 육신의 칠보로써 화려한 부 누리는 것은 번뇌가 끊어지지 못한 마음을 말하는 것이다. 따라서 탁한 물질적 부를 누리기보다는 가난함을 탓하지 않는 청빈의 정신이 반야의 빛임을 알아야 한다는 것이다. 금강경의 참 뜻을 헤아려보건대 칠보의 화려한 가치가 작은 청빈의 마음보다 못함을 밝히고 있다. 따라서 칠보의 물질은 지혜를 어둡게 할 뿐 그 자체의 생명력이 없음을 일깨워주고 있는 것이다.

20

離色離相分

이색이상분

물질적 화려함과
모양에 집착을
떠나야
참 받아지가
빛을 발한다

수보리야 너의 뜻은 어떠한가. 부처를 가히 구족색신으로서 볼 수 있겠는가?

못 봅니다. 세존이시여. 여래는 응당 구족색신으로서 보지 못합니다.

왜냐하면, 여래가 말씀하신 구족색신은 구족색신이 아니며 이름이 구족색신이기 때문입니다.

수보리야 너의 뜻은 어떠한가. 여래를 구족한 제상諸相으로써 볼 수 있다 하겠는가?

볼 수 없습니다, 세존이시여. 여래는 응당 구족한 제상諸相으로써 보지 못합니다. 왜냐하면, 여래께서 말씀하신 제상구족이란 곧 구족이 아니며 이름이 제상구족이기 때문입니다.

須菩提 於意云何 佛可以具足色身見不 不也 世尊 如來 不應以具足色身見

何以故 如來說 具足色身 卽非具足色身 是名具足色身

須菩提 於意云何 如來 可以具足諸相見不

不也 世尊 如來 不應以具足諸相見 何以故 如來說 諸相具足 卽非具足 是名諸相具足

수보리 어의운하 불가이구족색신견부 불야 세존 여래 불응이구족색신견

하이고 여래설 구족색신 즉비구족색신 시명구족색신

수보리 어의운하 여래 가이구족제상견부

불야 세존 여래 불응이구족제상견 하이고 여래설 제상구족 즉비구족

시명제상구족

官不容針 私通車馬
관불용침 사통차마

관청에서는 바늘만큼도
용납할 수 없으나
사사로운 데는 차마車馬가
통한다네

공성空性에는 구족한 색신色身과 구족한 제상諸相도 이름만 남을 뿐 구족한 색신과 구족한 제상으로 여래를 볼 수 없는 것이다.
　그러나 사가私家의 마음에는 구족한 색신과 구족한 제상으로 여래를 본다고 하여도 여래의 성품에 방해로울 것이 없다. 따라서 부처의 입장과 중생의 입장에서 관찰하는 마음이 있어야 한다. 육신의 눈이 아무리 구족하다 하더라도 여래를 볼 수 있는 마음의 안목이 있어야 하니 참지혜를 말한다.

請君仰面看虛空 廓落無邊不見蹤
청군앙면간허공 곽락무변불견종

若解轉身些子力 頭頭物物總相逢
약해전신사자력 두두물물총상봉

청하노니 그대여

얼굴을 들어 허공을 보라

넓고 넓어 끝이 없어

자취를 볼 수 없네

만약 몸을 움직여

작은 힘이 있음을 알면

두두물물이 모두가

서로 만나게 된다네

 진여眞如의 본체는 허공과 같아서 넓고 텅 비어 자취를 볼 수 없다. 그러나 저마다 지니고 있는 구족한 색신과 구족한 제상諸相을 가지고도 집착을 갖지 않게 되면 안전眼前에 나타나는 두두물물頭頭物物이 자기를 만나지 않음이 없다.
 비록 성색聲色이 끊어진 여래성如來性에는 흔적을 남기지 않으나 여래의 묘봉정상妙峯頂上에서 한번 몸을 움직이면 시방세계의 곳곳마다 여래성如來性을 만나지 않음이 없다. 부처님의 가르침은 우주 법계의 모든 생명체는 평등하고 존립하는데 서로서로 의지하고 있음을 깨달아야 한다. 따라서 부처님은 인간 중심을 말하지 않고 생명 중심을 말씀하므로 세상이라 하지 않고 법계라고 하는 것이다.

21

非說所說分

비설소설분

부처님이 설법한

바를 두고

설법이라 믿으면

결코 설법이

될 수 없다

수보리야 너는 여래가 생각하기를 내가 마땅히 법을 설한 바가 있다고 이르지 말라. 이런 생각을 짓지 말아야 한다. 왜냐하면 만약 사람들이 여래가 법을 설한 바가 있다고 한다면 곧 부처를 비방하는 것이 되고 능히 내가 설한 바를 알지 못하는 것이 되느니라.

須菩提 汝勿謂 如來作是念 我當有所說法 莫作是念
何以故 若人言 如來有 所說法 卽爲謗佛 不能解我所說故
수보리 여물위 여래작시념 아당유소설법 막작시념
하이고 약인언 여래유 소설법 즉위방불 불능해아소설고

　　是卽是 大藏小藏
　　시즉시　대장소장

　　從甚處得來
　　종심처득래

　　옳기는 곧 옳으나

　　대승장경과 소승장경을

　　어느 곳으로부터 얻어왔는가

　　부처님의 설법이 돈점편원頓漸偏圓으로 되어 있어 크게 두 가지로 분류한다. 하나는 대승 경전이며 하나는 소승 경전이다.
　　부처님께서 수보리에게 "여래가 법을 설한 바가" 있다고 생각하면 그것은 부처를 바로 믿는 것이 아니라 비방하는 것이라고 꾸짖고 있다. 그렇다면 왜 부처님은 49년간 대승과 소승 장경을 설한 것인가.

이것은 실상반야의 실체를 보이기 위한 방편일 따름이며 공적空寂한 부처의 세계에서는 용납될 수 없는 것이다. 따라서 깨달음의 경계에서는 부처님의 설법이 오히려 비방이 되는 것이다.

有說皆成謗 無言亦不容
유설개성방 무언역불용

爲君通一線 日向嶺東紅
위군통일선 일향영동홍

설한 것이 있다 하면 비방을 이루고
말씀이 없다 하여도 용납지 못하네
그대를 위해 한 줄로 통하노니
언제나 고개 동쪽은 붉은 태양인 것을.

여래가 법을 설한 것이 있다고 하고 없다고 하는 것은 이변二邊에 치우친 생각이므로 결코 옳은 것이 못 된다. 그렇다면 여래의 설법說法을 어떻게 말해야 하는 걸까.

여래가 무념無念으로 설시說示한 것은 산골짝에 울리는 메아리와 같고 햇살이 온 세계를 훤히 비치되 빛을 발한다는 마음이 무심한 것과 같은 것이다.

수보리야 법을 설했다는 것은 법을 가히 설할 것이 없는 것이며 이름이 설법일 뿐이니라

須菩提 說法者 無法可說 是名說法
수보리 설법자 무법가설 시명설법

兎角⁵²杖 龜毛⁵³拂
토각   장 구모 불

토끼뿔 지팡이여
거북털 불자拂子라네

부처님의 설법은 토끼뿔과 거북털에 비유될 만하다.

본래 토끼뿔과 거북털은 없는 것이다. 그러나 이름은 분명 있듯이 부처님의 설법은 혼탁한 세상에 침륜沈淪한 중생들을 발제拔濟하기 위해 토끼뿔의 지팡이를 집어 들고 청정무구하고 본래공적한 열반문涅槃門을 두드려 열어 주셨고 거북의 불자拂子를 일으켜 세워 사바세계에 공空·가假·중中의 이치를 깨우쳐 주신 것이다.

다시 말해서 본래 공적한 자리에 변화의 모습을 드러내어 양변兩

---

52 토각兎角 : 토끼 뿔은 본디 없는 것으로 귀중함을 일컬음.
53 귀모龜毛 : 거북 털도 없는 것으로 귀중함을 일컬음.

邊에 치우치지 않는 중도의 이치를 열어 보이시기 위해 법을 설한 것이며 그 이름이 설법이라고 하는 것이다. 그러므로 법계는 공하지만 그 속에 여래성의 빛이 발아되고 있으므로 언제나 양변에 치우치지 않는 중도中道를 생각해야 한다. 따라서 부처님과 수보리의 문답은 중도를 깨우쳐 주시기 위해 금강경이란 무대 위에서 연출하고 있는 것이다.

多年石馬放毫光 鐵牛哮吼入長江
다년석마방호광 철우효후입장강

虛空一喝無蹤跡 不覺潛身北斗藏
허공일할무종적 불각잠신북두장

且道
차도

是說法 不是說法
시설법 불시설법

오래된 돌덩이 말이

호광毫光을 놓고

쇠소가 울부짖으며

장강長江에 들어가네

허공에 한 소리쳐도

자취가 없고

몸을 담아 북두에 숨김을

깨닫지 못하네
또 일러라.
이것을 설법이라 하겠는가?
이것을 설법이 아니라 하겠는가?

눈 어두운 중생을 위해 석마石馬가 되어 백호광명을 놓아주시고 귀먹은 중생들을 위해 철우鐵牛가 되어 효후哮吼의 소리를 짓게 된 것이다.

이렇듯 다양한 방편의 모습들은 허공을 향해 소리를 치는 듯하여 그 자취를 볼 수 없다.

그뿐만 아니라 본래 또렷한 청정도량을 떠나지 않고 안주함을 깨닫지 못하기 때문에 중생은 이름하여 설법이 설법 아닌 이치를 믿지 못한다.

수많은 별마다 북두는 언제나 북쪽에 있고 사람마다 본래 갖춰진 천진불성天眞佛性은 북두의 법신처에 있음을 알아야 한다.

부처님의 설법을 두고도 깨달아 가는 중생의 마음에서만 생각해서는 안 되며, 깨달음의 경지인 부처님의 마음에서도 생각하여야 지혜의 안목이 빛을 더한다.

이때 혜명인 수보리가 부처님께 여쭈어 말하기를 세존이시여 자못 어떤 중생이 미래세에 이런 법을 설한 것을 듣고 믿는 마음을 낼 수 있겠습니까? 부처님께서 말씀하시되 수보리야, 저들이 중

생이 아니며 중생 아니라 하는 것도 아니다. 왜냐하면 수보리야,
중생 중생이라 하는 것은 여래가 중생이 아니라 하며 이름이 중생
일 뿐이니라.

爾時 慧命[54]須菩提 白佛言 世尊 頗有衆生 於未來世 聞說是法 生信心不
佛言 須菩提 彼非衆生 非不衆生
何以故 須菩提 衆生 衆生者 如來說非衆生 是名衆生
이시 혜명수보리 백불언 세존 파유중생 어미래세 문설시법 생신심부
불언 수보리 피비중생 비불중생
하이고 수보리 중생 중생자 여래설비중생 시명중생

火熱風動 水濕地堅
화 열 풍 동　수 습 지 견

불이 뜨거운 것은
바람이 움직이는 것이며
물이 습하면
땅은 굳은 것이라네

부처와 중생을 누가 구별 짓는가. 부처의 세계에는 본래 부처라는

---

54 혜명慧命 : 덕성德性을 두루 갖추어 보리菩提의 도道를 깨달은 자. 즉 수보리가
공空의 이치를 아는 지혜가 있으며 보리의 목숨을 지닌 자라는 뜻이다.

이름도 없다. 중생 세계에 부처의 이름이 있을 뿐이다.

따라서 중생은 중생이 스스로 이름하는 것이며 부처의 경계를 깨닫지 못하면 중생이라는 이름을 벗어날 수 없는 것이다. 그러므로 중생이 있는 곳에 반드시 부처가 있다. 그것은 불이 뜨겁게 타오르면 바람이 움직이는 것을 알고 물이 젖으면 땅이 더욱 굳어지는 것과 같다. 부처는 중생 세계에서 형체 없는 바람과 대지를 굳게 하는 물과 같은 것이다.

指鹿豈能成駿馬 言烏誰謂是翔鸞[55]
지록기능성준마 언오수위시상난

雖然不許纖毫異 馬字驢名幾百般
수연불허섬호이 마자여명기백반

사슴을 가리킨다고
어찌 준마가 되고
까마귀를 말한다고
누가 상난 새라 하겠는가.
비록 털끝만큼도 다름을
허락하지 않으나
마자馬字와 여명驢名이

---

55 상난翔鸞 : 날으는 난새. 봉황과 같이 전설적인 새로서 닭과 같은 몸에 털은 붉고 색은 오색이 빛나며 다섯 가지의 소리를 낸다고 함.

몇백 가지이겠는가?

　성위聖位와 범위凡位는 분명 이름이 있을 뿐 실상實相의 세계에서는 이위二位가 있을 수 없다. 그러나 중생에게는 사슴과 준마가 다르고 까마귀와 난새가 같을 수 없는 것이다.
　말과 나귀를 다르게 부르는 것이 한두 가지가 아니다.
　이처럼 숱한 이름이 붙게 되는 것은 진실을 나투기 위함이듯이 중생에게 무수한 방편의 말씀으로 법을 설한 것은 실상반야를 드러내기 위한 말씀임을 깨달을 때 본래 중생과 부처가 없고 이름만이 있음을 알게 된다.
　금강경의 법문은 처음부터 끝까지 중생의 입장인 범위凡位와 부처의 입장인 성위聖位를 말하고 있으나 그것은 이변二邊을 내세워 본래 이름 없는 지혜를 깨우치기 위하여 마지막 법문에는 이름만 남는다고 말씀하고 있다.

22

無法可得分

무법가득분

우주 법계 속에서
작은 법
하나라도 얻는다고
할 수 없다

수보리가 부처님께 여쭈어 말하되 세존이시여 부처님께서 아뇩다
라삼먁삼보리를 얻으신 것은 얻은 바가 없는 것이 됩니까?
부처님께서 말씀하시되 그렇고 그렇다. 수보리야 내가 아뇩다라
삼먁삼보리에 작은 법도 얻은 바가 없는 것이며 이름이 아뇩다라
삼먁삼보리일 뿐이니라

須菩提 白佛言 世尊 佛得阿耨多羅三藐三菩提 爲無所得耶 佛言
如是如是 須菩提 我於阿耨多羅三藐三菩提 乃至無有少法可得 是名
阿耨多羅三藐三菩提
수보리 백불언 세존 불득아뇩다라삼먁삼보리 위무소득야 불언
여시여시 수보리 아어아뇩다라삼먁삼보리 내지무유소법가득 시명
아뇩다라삼먁삼보리

求人 不如求自己
구인 불여구자기

사람들에게 구하는 것이
자기에서 구하는 것만 못하네

　　수보리가 부처님께 질문한 것은 너무나 어리석은 뜻임을 밝히고
있다. 그러나 부처님께서는 자세히 설명하시고 이름이 아뇩다라삼먁
삼보리일 뿐이라고 말씀하시는데 이에 야부 스님은 밖을 향해 찾는

것이 자기에게서 찾는 것만 못하다는 것을 일러 주고 있다. 깨달음은 언제나 육신 속에 담겨져 있는 마음에서 찾아야 한다.

滴水成氷信有之 綠楊芳草色依依
적수성빙신유지 녹양방초색의의

秋月春花無限意 不妨閑聽鷓鴣[56]啼
추월춘화무한의 불방한청자고 제

물을 얻어 얼음이 되는 것은
믿을 수 있고
푸른 버들 꽃다운 풀빛
자연의 모습이라네
가을 달 봄꽃의
한없는 뜻이여
한가로이 자고의 울음소리
들음에 방해롭지 않네

자연은 무심하다. 무심한 경계이지만 온갖 녹음 방초의 빛이 옛날의 모습 그대로를 간직한 체 변화하고 있다.

끝없는 변화 속에서도 가을 달과 봄꽃의 향기는 무한한 뜻을 지니

---

56 자고鷓鴣 : 새 이름. 중국의 남쪽에서 서식한다. 일명 월치새라고도 한다.

고 있다. 또한, 산새들의 지저귐은 무한한 설법이 되어 언제나 중생들의 마음을 깨우쳐 주고 있다.

이처럼 끝없는 천진설법天眞說法을 하고 있지만, 그 내용을 잘 알아듣지 못하므로 부처님께서 아뇩다라삼먁삼보리의 법을 자세히 설한 것이다.

마치 물을 얻어 얼음을 만드는 모습은 믿으려 하지만 푸른 버들가지와 꽃다운 풀잎이 무한설법無限說法의 향음香音인 줄 알지 못하는 것과 같다.

부처님은 일찍이 작은 법도 얻은 바가 없으나 중생을 깨우쳐 주기 위하여 아뇩다라삼먁삼보리를 얻었다고 말씀하셨으며 깨달은 자에게는 얻은 바가 없고 다만 이름만이 아뇩다라삼먁삼보리라고 하신 것이다. 그러므로 중생은 육신의 귀로 설법을 듣고 우주법계 속에 자연의 소리를 마음의 귀를 통해서 들어야 아뇩다라삼먁삼보리의 설법을 믿고 따를 수 있다.

23

淨心行善分

정심행선분

―――――――

부처님의 착한
법을 실천하면
마음은 스스로
맑아진다

다시 수보리야 이 법은 평등하여 높고 낮음이 없으며 이름을 아뇩다라삼먁삼보리라고 하나니 아我도 없고 인人도 없고 중생衆生도 없고 수자壽者도 없으므로 일체 선법을 닦으면 곧 아뇩다라삼먁삼보리를 얻는 것이니라.

復次須菩提 是法平等 無有高下 是名阿耨多羅三藐三菩提 以無我 無人 無衆生 無壽者 修一切善法 卽得阿耨多羅三藐三菩提
부차수보리 시법평등 무유고하 시명아뇩다라삼먁삼보리 이무아 무인 무중생 무수자 수일체선법 즉득아뇩다라삼먁삼보리

山高海深 日生月落
산고해심 일생월락

산은 높고 바다는 깊어라

해가 솟으면 달은 지네

부처님의 법이 평등한 것은 자연의 이치와 같은 것이다. 해가 뜨면 달이 지고 산이 높고 바다가 깊은 것은 자연스러운 모습일 뿐 인위적인 힘으로 되는 것은 아니다.

평등은 가식되지 않은 천진天眞을 말하는 것이며 부처님이 깨달은 법이란 이와 같으므로 불법이 있는 곳에는 진실한 선법이 존재할 수 있고 그 선법을 닦아 가는 중생들은 반드시 반야般若의 위대한 모습을

발견하게 된다.

▽

僧是僧兮俗是俗 喜則笑兮悲則哭
승시승혜속시속 희즉소혜비즉곡

若能於此善叅詳 六六從來三十六
약능어차선참상 육육종래삼십육

스님은 스님

속인은 속인이라네

기쁘면 웃음 짓고

슬프면 소리쳐 우네

만약 능히 이런 곳에

자세히 참구해 살펴보면

육육六六은 본래부터 삼십육三十六이 된다네

스님을 스님으로 보고 속인을 속인으로 보는 마음은 사물에 마음을 두지 않는 자재自在의 마음에서 비롯된다. 이런 마음을 가진 사람은 사물의 성품 자체를 무념무상으로 직관하기 때문에 본래 평등한 모습만이 남을 뿐이다. 부처님의 선법善法을 이런 마음으로 닦는다면 스스로 깨달음의 길이 열리게 된다.

불법은 먼 곳에 스승을 찾아 나서기 전에 생활의 모든 경계 속에서 주객主客의 실체를 무심으로 파악하여 외경外境에 마음을 빼앗기지 아니하면 평상의 일거수일투족一擧手一投足이 청정묘법이 아님이 없는 것이다.

기쁨이 있고 슬픔이 있고 승과 속이 본래 나누어진 것이 아니라는 차별의 인식을 깨닫게 된다면 6×6=본래부터 36의 숫자를 만드는 것과 같은 이치를 알게 된다. 깨달음은 자연스러워야 하고 가식이 없어야 참 반야지가 드러난다.

수보리야 선법이라 말한 것은 여래가 곧 선법이 아니라 말하는 것이다. 그것은 이름이 선법일 뿐이니라

須菩提 所言善法者 如來說 卽非善法 是名善法
수보리 소언선법자 여래설 즉비선법 시명선법

面上夾竹桃花 肚裏侵天荊棘
면상협죽도화 두리침천형극

얼굴에는 댓잎 낀 복숭아꽃
뱃속에는 하늘을 찌르는 가시여

부처님께서 말씀하신 선법善法이 때로는 댓잎 같은 눈썹 얼굴에 복숭아꽃 같은 모습이 되기도 하지만, 때로는 창자 속에서 하늘을 찌를 듯한 고통을 주는 가시와 같기도 하다.

그러므로 선법善法을 선법이라 하지 않는다고 말씀하셨으며 이름이 선법일 뿐이라는 것이다. 또한 부처님의 설법은 언제나 집착을 끊어야 한다는 뜻이므로 설법을 통해서 본래 언설이 없는 자연의 무진설법을 마음의 귀를 열고 들을 수 있어야 부처님의 설법이 참선법이 되는 것이다.

미迷한 중생에게는 부처님의 설법이 선법善法이 되어 복숭아빛 얼굴 같기도 하지만 오悟한 부처에게는 오히려 배 속에 가시가 찌르는 듯한 번민만 더할 뿐이다.

是惡非惡 從善非善
시악비악 종선비선

將逐符行 兵隨印轉
장축부행 병수인전

有時獨立妙高峰 却來端坐閻羅殿
유시독립묘고봉 각래단좌염라전

見盡人間祗點頭 大悲手眼多方便
견진인간지점두 대비수안다방편

악이라 하면 악이 아니며

선을 쫓는 것이 선이 아니라네

장군은 부符[57]를 좇아 움직이고

---

57 부符 : 부호를 말하는 것으로 요즈음 같으면 암호와 같은 것.

병졸은 인^{58}을 따라 옮긴다네

어떤 때는 묘고봉妙高峯^{59}에

홀로 섰다가

도리어 염라전閻羅殿^{60}에 와서

단정히 앉는다네

인간을 다 보고서

머리를 끄덕이니

대비의 수안이

많은 방편이라네

    그렇다. 부처의 세계에서는 선악善惡이 본래 없다. 그러므로 방편이 있을 수 없고 생사가 없는 것이다. 중생을 교화敎化하기 위해서 선악을 구별 짓고 천당과 지옥의 세계가 열리는 것이다. 마치 전쟁터에 장군이 움직이고 병졸이 이동하는 것은 부符와 인印을 따라 움직이는 차례와 순서가 분명하듯 부처가 중생을 교화하는 방편은 이와 같은 것이다.

    따라서 부처님은 선법善法도 결국에는 악법惡法을 상대하는 것이므로 선법이 아니라 하였으며 이름만이 남게 된다는 것을 말씀하셨다. 그러므로 야부 스님은 어리석은 중생에게는 부처님의 설법이 아

---

58 인印 : 부대의 소속을 알리는 도장 찍힌 깃대를 말함.

59 묘고봉妙高峯 : 도리천忉利天의 세계, 즉 천당, 극락.

60 염라전閻羅殿 : 지옥에서 죄의 경중輕重을 구별하는 대왕의 처소, 또는 지옥.

름다운 도화꽃같이 착한 법이 될 수 있지만 깨달음의 경계에서는 이러한 설법이 악법이 되어 배 속의 가시와 같은 공연한 존재가 될 수 있음을 밝히고 있다. 따라서 묘고봉의 극락이나 염라전의 지옥세계도 깨닫기 위한 방편에 지나지 않으므로 설법에 집착해서는 안 된다.

24

福智無比分
복지무비분

복덕과 지혜는
비교할 수 없을
정도로
무한한 것이다

수보리야 삼천대천세계 가운데 있는 모든 수미산 왕만큼 칠보 더
미를 어떤 사람이 가지고 사용하여 보시하더라도 만약 사람이
반야바라밀경의 사구게 등을 받아 가져 읽고 외워서 다른 사람
을 위하여 해설해 준다면 앞의 복덕으로는 백 분의 일에도 미치
지 못하며 천만억분 내지 산수할 수 없는 비유로도 능히 미칠 수
없는 바라 할 것이니라

須菩提 若三千大千世界中 所有諸須彌山王 如是等七寶聚 有人 持用
布施 若人 以此般若波羅蜜經 乃至四句偈等 受持讀誦 爲他人說 於前
福德 百分不及一 千萬億分乃至 算數譬喩 所不能及
수보리 약삼천대천세계중 소유제수미산왕 여시등칠보취 유인 지용
보시 약인 이차반야바라밀경 내지사구게등 수지독송 위타인설 어전
복덕 백분불급일 천만억분내지 산수비유 소불능급

千錐劄地 不如鈍鍬一捺
천추답지 불여둔추일날

천 개의 송곳으로 땅을 찔러도
둔한 삽이 한 번 누르는 것만
같지 못하네

천 개의 송곳이 물질적 보시공덕 布施功德이라면 우둔한 삽은 지경

24. 복지무비분 福智無比分 289

공덕持經功德을 일컬음이다.

　물질적 보시공덕이 선행善行이 되는 것은 사실이지만 간탐慳貪하는 마음을 제거하는 데 불과하고 지경공덕持經功德을 쌓아 반야를 드러내면 무명無明을 해탈解脫하는 것이 된다. 이러한 부처님의 말씀이 담긴 금강경은 그 문자성文字性이 살아서 물질적 보시의 공덕과는 어떠한 산수라도 계산할 수 없고 비교할 수 없다는 것이다.

　　　麒麟鸞鳳不成群 尺璧寸珠[61]那入市
　　　기린난봉불성군 척벽촌주 나입시

　　　逐日之馬不並駝 倚天長劍人難比
　　　축일지마불병타 기천장검인난비

　　　乾坤不覆載 劫火不能壞
　　　건곤불부재 겁화불능괴

　　　凜凜威光混太虛 天上人間總不如
　　　늠늠위광혼태허 천상인간총불여

　　　噫！
　　　억！

　　　기린과 난봉은
　　　무리를 이루지 않나니
　　　척벽촌주尺璧寸珠가

---

61 척벽촌주尺璧寸珠 : 크기가 한 자되는 보옥寶玉으로 귀중한 가치로 인하여 누구나가 쉽게 가질 수 없는 것을 일컬음.

어찌 시정市井에 들겠는가?

해를 좇아 달리는 말은

낙타와 함께하지 않나니

하늘을 받치는 긴 칼은

사람들이 헤아리기 어렵다네

하늘과 땅이

덮고 실을 수 없고

겁화劫火로도 능히

무너뜨릴 수 없네

늠름한 위광이

태허에 물들면

천상과 인간이

다 같을 수 없다네.

억!

금강경을 읽고 외워서 남을 위해 해설해 주는 공덕이야말로 어느 비유로도 헤아릴 대상이 못 된다. 마치 기린과 난봉이 같은 무리가 될 수 없고 귀중한 보배구슬이 뭇 사람들의 손에 쉽게 들어갈 수 없는 것과 같은 것이다.

그뿐만 아니라 햇살이 빛나는 광활한 대지를 달리는 준마와 같아서 천천히 걸어가는 낙타에 비유될 수 없고 하늘을 받칠 만한 큰 칼과 같아서 사람들이 비교할 수 없는 것이다.

또한, 지경공덕持經功德은 하늘과 땅이 덮고 실을 수 없으며 헤아릴 수 없는 시간과 공간 속에서도 무너지지 않을 뿐이다. 이러한 공덕을 닦아 실상반야를 깨달으면 그 각성覺性이 빛이 되어 온 우주에 가득함이 되는 것이다.

이것이 진공묘유眞空妙有의 이치가 되어 하늘과 인간이 저마다의 무생인無生忍을 얻어 사상四相 없는 참모습을 드러내는 것이다.

참 지혜의 광명이 언제나 우주 법계에 가득할 뿐이다.

부처님께서 칠보를 수미산만큼 모아서 보시하여 복덕을 짓는다 하더라도 지경공덕으로 얻어지는 복덕이 무한함을 강조하고 있다. 이것은 금강반야라고 하는 문자성文字性을 읽고 외우고 해설하여 많은 사람들의 마음을 깨끗이 해주는 공덕에 비유할 수 없음을 밝히고 있다. 그러므로 금강경의 법문은 강물을 건너는 뗏목에 비유되므로 강물을 건너는 자가 너무 뗏목에 집착하면 가고자 하는 목적지에 도달할 수 없는 것이다.

化無所化分

화무소화분

부처는 중생을
교화하지만
교화한다는 마음은
본래 없는 것이다

수보리야 너의 뜻은 어떠한가. 너희들은 여래가 이런 생각을 짓되 "내가 마땅히 중생을 제도할 것이다"라고 했다고 이르지 말라. 수보리야 이런 생각을 짓지 말아라.
왜냐하면, 실로 중생을 여래가 제도한 일이 없기 때문이다. 만약 중생을 여래가 제도한 일이 있다고 한다면 여래는 곧 아상·인상·중생상·수자상이 있는 것이니라.

須菩提 於意云何 汝等 勿謂如來作是念 我當度衆生 須菩提 莫作是念 何以故 實無有衆生 如來度者 若有衆生 如來度者 如來即有 我人衆生壽者
수보리 어의운하 여등 물위여래작시념 아당도중생 수보리 막작시념
하이고 실무유중생 여래도자 약유중생 여래도자 여래즉유 아인중생수자

春蘭秋菊 各自馨香
춘난추국 각자형향

봄의 난초와 가을 국화여
각각 스스로 향기를 낸다네

중생을 제도한 부처님의 마음은 제도한 일이 없다고 한다. 그것은 사상四相에 집착하지 않고 중생을 제도하기 때문이다. 이런 경계를 두고 봄이면 난꽃이 피고 가을이면 국화가 피어 스스로 향기를 그윽이 뿜어내는 것과 같다.

능소能所가 끊어진 자리, 교화하는 자와 교화를 받는 자가 끊어진 자리에는 신통광명이 뛰어난 모습이 아니라 부처님도 안횡비직眼橫鼻直의 얼굴이요 중생도 안횡비직의 얼굴을 가지고 있을 뿐이다.

이런 모습 속에 사상四相이 끊어진 마음을 가지고 있다면 부처와 중생이 상적광토常寂光土에 동거同居하여 무생無生의 법락法樂을 공수共受하여 누리게 되는 것이다.

生下東西七步行 人人鼻直兩眉橫
생하동서칠보행 인인비직양미횡

哆哢悲喜皆相似 那時誰更問尊堂
치화비희개상사 나시수갱문존당

還記得在麼
환기득재마

태어나서 동서로

일곱 발걸음 걸으시니

사람 사람 코는 곧고

두 눈썹은 가로 섰네

입 벌리고 울고 웃는 것이

모두가 비슷하네

저 때에 누가 다시

존당에게 질문할 것인가?

도리어 기억하겠는가?

부처님이 어머니의 태胎에서 나와 칠보를 걸으시며 천상천하天上天下 유아독존唯我獨尊이라 말씀하셨으니 이것은 사람 사람이 본래 갖추어진 코는 곧고 눈썹은 옆으로 비껴진 자가自家의 상相을 드러내는 것이다. 태어난 어린아이가 입을 벌리고 소리치며 울다가 웃는 모습은 자연의 천진天眞일 뿐 의식의 꾸밈이 아니다.

부처님이 일체중생을 제도하였으나 한 중생도 제도한 일이 없다는 것은 이러한 천진 세계에서 일어난 원력이며 결코 상相을 드러내기 위함이 아니다.

공부란 이런 마음으로부터 시작하여야 하고 이런 마음의 수행을 닦아 가는 것이 금강경의 사구게四句偈를 수지 독송하는 바른 공덕이 되는 것이다.

수보리야 여래가 말하기를 아我가 있다고 한 것은 곧 아가 있는 것이 아니다. 그러나 범부라는 사람들이 아가 있다고 할 뿐이다. 수보리야 범부라는 것을 여래는 범부가 아니라고 말하나니 이름이 범부이기 때문이니라

須菩提 如來說 有我者 卽非有我 而凡夫之人 以爲有我 須菩提 凡夫者 如來說 卽非凡夫 是名凡夫
수보리 여래설 유아자 즉비유아 이범부지인 이위유아 수보리 범부자

여래설 즉비범부 시명범부

前念衆生後念佛 佛與衆生是何物
전념중생후념불 불여중생시하물

앞생각은 중생

뒷생각은 부처라네

부처와 중생이

무슨 물건인가?

거짓된 생각을 일으켜 분별하므로 부처와 중생이 분별되고 유아有我와 무아無我가 나누어지는 것이다. 그러나 거짓된 분별심을 돌이켜 깨달으면 성인聖人의 경계에 들어가 유아와 무아의 이상二相에 치우치지 않고 그 이름만이 남을 뿐이다.

본래 부처와 중생이 둘이 아니라고 할진댄 무슨 물건이라 이름 붙일 것인가.

不現三頭六臂[62] 却能拈匙放筯
불현삼두육비　각능염시방저

62　삼두육비三頭六臂 : 특별히 근육이 발달하여 머리가 셋, 팔이 여섯 개나 되는 힘이 센 사람을 일컬음.

有時醉酒罵人 忽爾燒香作禮
유시취주매인 홀이소향작례

手把破砂盆⁶³ 身披羅錦綺⁶⁴
수파파사분   신피라금기

做模打樣百千般 驀鼻牽來祇是你
주모타양백천반 맥비견래지시니

咦!
이!

삼두육비 三頭六臂를

드러내지 않아도

도리어 능히 숟가락 잡고

젓가락 놓는다네

때로는 술 취해

사람 꾸짖고

문득 향 사루어

예를 올리네

손에는 깨어진 사분을 잡고

몸에는 비단옷을 입는다네

모양을 짓고 모양을 지우는 것

백천 가지이니

---

63 사분砂盆 : 깨어진 사기그릇.

64 라금기羅錦綺 : 비단옷, 화려한 옷.

문득 코를 이끌어 오면

다만 이것이 너의 모습인 것을…

이!

특별히 머리가 셋이고 팔이 여섯 개나 되는 힘센 모습을 드러내지 않아도 순가락 들고 밥을 먹고 젓가락 잡고 반찬을 집어 먹는 데 지장을 받지 않는다.

누구나가 본래 갖추어진 힘으로 할 수 있는 일들이므로 따로 신경을 쓸 일이 아니다. 이런 모습으로 때로는 술을 먹고 사람을 꾸짖고 때리다가도 때로는 향을 사르고 조용히 예를 올릴 줄도 안다.

때로는 깨어진 사기그릇을 들고 무서운 형상을 보이다가 때로는 비단옷을 걸치고 아름다움을 뽐내기도 한다. 이런 모습이 천차만별이 있으나 저마다 마음의 근본을 헤아리면 참모습이 있을 뿐이다.

백천 가지의 모습이 다르게 나투어지는 것이 오로지 일심一心의 작용일 뿐이기 때문에 한 마음의 용처用處를 바로 알 게 되면 기쁨과 슬픔, 태어남과 죽음, 부처와 중생, 이 세상의 모든 상대적 차별상이 그 실체가 없음을 알게 되어 부처님께서 범부를 범부가 아니라 하며 이름이 범부라고 하신 뜻을 알게 될 것이다.

따라서 사람이 선하고 악한 모습이 본래 나누어진 것이 아니다. 때로는 깨어진 화분을 들고 내리칠 것 같은 무서운 형상을 짓다가도 때로는 화려한 비단옷을 걸치고 춤을 추듯 아름다운 모습을 갖추기도 한다. 그러므로 사람을 대할 때는 언제나 마음의 씀씀이에 진실한 모습을 보려고 하는 지혜가 있어야 범부가 범부가 아닌 이름만 남게 되는 참범부라고 할 수 있는 것이다.

26

法身非相分

법신비상분

법신을 모양으로
볼 수는 없고
참지혜의 빛으로
느끼는 것이다

수보리야 너의 뜻은 어떠한가. 삼십이상三十二相으로서 여래를 보는 것이 가능하겠는가?
수보리가 말하되 그렇고 그렇습니다. 삼십이상三十二相으로서 여래를 볼 수 있는 것입니다.

須菩提 於意云何 可以三十二相 觀如來不
須菩提言 如是如是 以三十二相 觀如來
수보리 어의운하 가이삼십이상 관여래부
수보리언 여시여시 이삼십이상 관여래

錯!
착!

그르쳤도다

지금까지 부처님의 물음에 수보리가 부처님의 입장에서 대답했다고 한다면 여기에서 삼십이상으로서 여래를 볼 수 있다고 대답한 것은 깨닫지 못한 중생의 입장에서 말한 것이라 해야 할 것이다.
그러므로 야부 스님은 수보리의 대답을 그릇된 것이라고 말하고 있다. 즉 색신色身을 부처라고 할 수 없으며 음성音聲으로도 부처를 보고 들을 수 없는 것이다.
오로지 반야의 눈으로 여래를 볼 수 있으므로 삼십이상은 여래의 참모습이 아니다.

泥塑木雕縑綵畵 堆靑抹綠更粧金
니소목조겸채화 퇴청말록갱장금

若將此是如來相 笑殺南無觀世音
약장차시여래상 소쇄나무관세음

진흙 이겨 나무 깎아 만들고
물감 칠해 그린 불상이여
청색靑色 올리고 녹색綠色 칠하여
다시금 금색金色으로 장식했네
만약 이것을 가져
여래의 모습이라 한다면
나무관세음을
웃기게 할 것이라네

 진정한 여래의 모습은 어떠한 것인가. 여래는 비록 색신色身 속에 있으나 색신에 물들지 않고 장애 받지 않는 청정신을 말하는 것이다.
 그러므로 진흙을 이겨서 불상을 만들거나 나무를 깎아서 불상을 만들고 울긋불긋 색상을 입혀서 탱화를 그리고 그 위에 찬란한 금색을 입힌다고 해서 여래의 모습이 나타나는 것은 아니다.
 그것은 중생의 마음을 교화하기 위한 경배敬拜의 대상일 뿐이다.

그렇다고 불상이 허상이 될 수는 없다. 지혜가 엷은 중생은 불상을 통하여 원력을 성취하고 자가의 부처를 찾는 길잡이가 되기 때문이다.

다만 불상이 여래가 아니라 불상을 통해서 진여래를 발견해야 한다. 마치 손가락을 통해서 달을 볼 수 있듯이.

부처님께서 말씀하시되 수보리야 만약 삼십이상으로서 여래를 본다고 하면 전륜성왕[65]도 곧 여래라 할 것이다. 수보리가 부처님께 여쭈어 말하되 세존이시여 제가 부처님께서 말씀하신 바와 같은 뜻으로 알면 응당히 삼십이상으로서 여래를 볼 수 없습니다.

佛言 須菩提 若以三十二相 觀如來者 轉輪聖王 卽是如來 須菩提 白佛言 世尊 如我解佛所說義 不應以 三十二相 觀如來
불언 수보리 약이삼십이상 관여래자 전륜성왕 즉시여래 수보리 백불언 세존 여아해불소설의 불응이 삼십이상 관여래

錯!
착!

그르쳤도다!

---

65 전륜성왕轉輪聖王 : 하늘을 나는 힘을 가지고 있으며 부처님의 육신과 같이 삼십이상의 상호를 갖추었다고 한다.

앞에 말씀에 그르쳤다는 것은 부처의 입장에서 그르쳤다는 것이며 여기에서는 중생의 입장에서 그르쳤다는 것이다.

색성色聲을 여의고 여래를 볼 수 없는 것이 중생이다. 그런데도 수보리는 부처님께서 색상구족色相具足한 전륜성왕도 여래가 될 수 있겠는가의 반문에 그것이 아니라고 대답한 것이다.

有相身中無相身 金香爐下鐵崑崙
유상신중무상신 금향로하철곤륜

頭頭盡是吾家物 何必靈山問世尊
두두진시오가물 하필영산문세존

如王秉劍
여왕병검

상相이 있는 몸 가운데

상相이 없는 몸이여

금빛 향로 불 아래

철 같은 곤륜산이라네

저마다의 모습이

내 집의 물건인데

하필이면 영산의 세존에게

물을 것인가?

왕이 칼을 잡은 것 같네

상相에 즉한 여래이므로 유상무상의 분별 속에서는 진여래眞如來를 볼 수 없는 것이다.

움직이는 향로 아래 움직이지 않는 진여래가 있는 것이다. 마치 철은 단단하고 곤륜산은 움직이지 않고 변화하지 않는 모습이니 저마다 모습 속에 구족히 갖추어진 여래라고 할 수 있다.

그러므로 두두頭頭가 물외가풍物外家風이며 사사事事가 목전삼매目前三昧임을 알아야 한다. 무상으로 구하여도 착錯한 것이며 유상으로 구하여도 착錯한 것이다. 이러한 경계는 왕이 칼을 잡은 것과 같다. 마치 죄인의 목숨을 죽이고 살리는 것이 왕의 손에 달린 것과 같이 유상무상 속에 여래를 볼 수 있는 것은 자가自家의 수안手眼에 달린 것이다.

이때 세존께서 게송을
설하여 말씀하셨나니
만약 모양으로써 나를 보거나
음성으로써 나를 찾는다면
이런 사람은 삿된 도를 닦아
능히 여래를 볼 수 없느니라

爾時 世尊 而說偈言
若以色見我 以音聲求我
是人行邪道 不能見如來
이시 세존 이설게언
약이색견아 이음성구아

시인행사도 불능견여래

> ✅
>
> 直饒不作聲色求 是亦未見如來在
> 직요부작성색구 시역미견여래재
>
> 且道
> 차도
>
> 如何得見 不審不審
> 여하득견 불심불심
>
>
> 바로 넉넉한 소리와 모습으로
> 구하는 것을 짓지 아니해도
> 이것으로도 또한
> 여래를 볼 수 없나니
> 또 일러라
> 어떻게 해야 얻어볼 것인가?
> 알지 못하고 알지 못하겠네

부처는 성색聲色에 있지 않으나 성색을 여의지도 않는다. 그렇다면 즉색卽色에 있는가, 이색離色에 있는가. 이러한 문제가 언어로써 결정될 수 없는 이치이므로 야부 스님은 "알지 못한다"라고 했다. 여기에서 알지 못한다는 뜻은 깨달음의 경계를 언어를 빌려 설명할 수 없는 것이기 때문이다.

見色聞聲世本常 一重雪上一重霜
견색문성세본상　일중설상일중상

君今要見黃頭老[66] 走入摩耶腹內藏
군금요견황두노　주입마야복내장

咦!
이!

此語三十年後 擲地金聲在
차어삼십년후　척지금성재

모습을 보고 소리 듣는 것

세상의 본래 보통 일인데

한 겹 눈 위에

한 겹 서리 내리네

그대여 이제 황두黃頭의 노인을

보려고 하거든

마야 부인의 배 속으로

달려들어 가게나

이!

이 말을 삼십 년 후

땅에 던지면 쇳소리가 나리라

66　황두노黃頭老 : 부처님의 모습을 금색으로 칠하기 때문에 일컫는 말.

묘원妙圓하고 진정眞淨한 여래의 모습은 중생의 지견知見으로 헤아릴 바가 못 된다.

모습을 보고 소리를 듣는 것이 세상에서는 흔한 일이며 보통의 일인데 무엇 때문에 부처님은 삼십이상과 음성으로 여래를 보고 들을 수 없다고 하였는가.

옛사람이 이르기를 도道라는 것은 견문각지見聞覺知에 속해 있지도 않으면서 견문각지를 여의지도 않는다고 하였다. 그러므로 보고 듣는 가운데 도를 구해도 그르친 것이며 보고 듣는 것을 여의고 도를 구해도 그르친 것이라고 했다. 이러한 말씀을 바로 알지 못하면 설상雪上에 가상加霜하는 것과 같아서 더욱 도와는 멀어질 뿐이다.

황두黃頭의 노인인 부처를 보려고 한다면 황두의 노인을 탄생시킨 마야부인의 배 속으로 들어가기를 야부 스님은 가르치고 있다.

마야부인의 배 속은 청정법신의 체體를 비유한 것이므로 여래를 볼 수 있는 것은 타력他力이 아니라 자가自家의 힘으로 가능한 것이다.

이러한 뜻을 바로 아는 사람에게는 오랜 시간이 지나게 되면 이런 얘기가 사람들의 정신을 일깨우는 쇳소리가 될 수 있을 것이다.

경전 속에 담겨진 뜻을 깊이 관찰하면 반야의 참지혜가 번뜩이고도 남는다.

다시 말해서 진정으로 여래를 보려면 형상에 치우친 형상에 치우친 마음으로는 볼 수 없을 뿐만 아니라 오히려 삿된 도리를 닦는데 지나지 않는다는 것이다.

금강경의 사구게四句偈의 뜻을 깊이 인식하고 실천해야 한다.

27
無斷無滅分
무단무멸분

부처님의 설법은
끊을 수도 없고
무너져 소멸시킬
수도 없다

수보리야 네가 만약 이런 생각을 짓되 아뇩다라삼먁삼보리심을 발한 자는 모든 법에 단멸을 설한다 한다면 이런 생각을 짓지 말아야 하느니라.
왜냐하면, 아뇩다라삼먁삼보리심을 발한 이는 법에 단멸의 상이 있다고 말하지 않기 때문이니라.

須菩提 汝若作是念 如來 不以具足相故 得阿耨多羅三藐三菩提
須菩提 莫作是念 如來 不以具足相故 得阿耨多羅三藐三菩提
須菩提 汝若作是念 發阿耨多羅三藐三菩提心者 說諸法斷滅 莫作是念
何以故 發阿耨多羅三藐三菩提心者 於法 不說斷滅相
수보리 여약작시념 여래 불이구족상고 득아뇩다라삼먁삼보리
수보리 막작시념 여래 불이구족상고 득아뇩다라삼먁삼보리
수보리 여약작시념 발아뇩다라삼먁삼보리심자 설제법단멸 막작시념
하이고 발아뇩다라삼먁삼보리심자 어법 불설단멸상

剪不齊兮理還亂 拽起頭來割不斷
전부제혜리환난 예기두래할부단

가위질하여도 고르지 않음이여

이치가 도리어 어지럽네

머리를 이끌어 일으켜 와

끊으려 해도 끊어지지 않네

공부를 지어가는 곳에 반드시 단멸해야 하는 번뇌가 있다. 그러나 번뇌를 끊는다는 생각이 있으면 단멸상斷滅相에 빠지는 것이다.

법에는 단멸상이 없으므로 부처님께서 수보리에게 이러한 생각을 짓지 말라고 타이르고 계신다. 참다운 법 속에는 끊고자 하나 끊어지지 않고 오히려 끊고자 하는 생각이 어지러울 뿐이다. 번뇌는 본래부터 실체가 없으므로 이끌어 와서 끊을 수 없는 것이다. 이러한 법상을 깨닫게 된다면 색성色聲에 걸리지 않게 된다. 반복되는 경문의 내용은 언제나 양변에 집착하지 않는 중도에 있음을 알아야 한다.

不知誰解巧安排 捏聚⁶⁷依前又放開⁶⁸
부지수해교안배　날취　의전우방개

莫謂如來成斷滅 一聲還續一聲來
막위여래성단멸　일성환속일성래

알 수 없네, 누가 교묘히
안배함을 알았는가?
날취하여 앞을 의지하고
또한 방개放開하였네
여래가 단멸을 이루었다

67　날취捏聚 : 중생을 교화하기 위한 방편으로 모든 이치를 모으고 눌러 놓는다.
68　방개放開 : 중생을 교화하기 위한 방편으로 모든 이치를 활짝 열어 놓고 쉽게 간취하게 함.

말하지 말라
한 소리가 도리어
한 소리를 이어 온다네

구족상을 갖추었으나 구족한 마음을 일으키지 않으므로 아뇩다라 삼먁삼보리를 발할 수 있는 것이다.

거듭 여래가 단멸의 상을 가진다고 생각하지 말라고 타이른 것은 참으로 안배할 줄 아는 수안手眼이 뛰어나다고 할 수밖에 없다.

중생의 생각이 많으므로 여래의 방편도 많다. 때로는 날취하고 때로는 열어 보이면서 여래의 참모습을 보이기 위해 힘쓰고 있다.

그렇다고 여래가 단멸상을 이루었다는 생각을 내어서는 안 된다. 한 소리가 한 메아리가 되어 되돌아오듯 여래는 언제나 법에 무심하여 중생을 제도할 뿐이다.

28

不受不貪分

불수불탐분

부처님의 법에는
공덕의 결과를
받는 것도 아니고
설법에 탐욕을
내는 것도 아니다

수보리야 만약 보살이 항하의 모래알만큼한 세계에 가득한 칠보를 가져 써서 보시하더라도 만약 다시 어떤 사람이 일체법에 아我가 없는 줄을 알아서 인忍을 얻어 성취하면 이 보살이 앞의 보살이 얻은 공덕보다 수승하리라.

須菩提 若菩薩 以滿恒河沙等世界七寶 持用布施 若復有人 知一切法 無我 得成於忍 此菩薩 勝前菩薩 所得功德
수보리 약보살 이만항하사등세계칠보 지용보시 약부유인 지일체법 무아 득성어인 차보살 승전보살 소득공덕

耳聽如聾 口說如啞
이청여농 구설여아

귀로 듣는 것은 귀머거리와 같고
입으로 말하는 것은 벙어리와 같네

법法에 아我가 없는 줄 알게 되면 피아彼我의 상相이 끊어지게 된다. 또한 법인法忍을 얻게 되면 능소能所의 정情이 없게 되고 무념無念의 지혜가 나타나게 되며 평등한 이치를 성취하게 된다.

이러한 경계에 이르게 된다면 눈으로 보고 귀로 듣는 것에 분별을 일으키지 않고 개구동설開口動舌에 자재할 뿐이다.

밝은 거울이 사물을 비추는 것과 같고 공곡空谷에 울리는 소리가

메아리 되어 돌아오는 것과 같다. 따라서 이런 무심의 경계는 귀로 들어도 귀머거리와 같고 입으로 얘기해도 벙어리와 같은 것이다.

육신의 귀로 듣고 육신의 입으로 말하지 않는 것이 부처님의 참 진리인 것이다. 따라서 부처님의 법은 휘영청 밝은 달빛처럼 본래 구족함을 알아야 한다.

馬下人因馬上君 有高有下有疎親
마하인인마상군 유고유하유소친

一朝馬死人歸去 親者如同陌路人
일조마사인귀거 친자여동맥로인

祗是舊時人 改却舊時行履處
지시구시인 개각구시행리처

말 아래 사람이 말 위에
군(君)으로 인하여
높음도 있고 낮음도 있고
멀고 가까움이 있네
하루아침 말이 죽어
사람이 돌아가면
친한 사람이
길 가는 사람처럼 낯설기만 하네
다만 이러한 옛 시절의 사람이

도리어 옛 시절의

행리行履한 곳을 고치려 하네

궁한窮寒하고 청고淸苦한 사람이 본래 말馬도 없고 사람도 없었으나 말과 사람이 있으므로 높고 낮음의 차별이 생기게 되고 멀고 가까운 정을 느끼게 된다.

어느 날 하루아침에 말이 죽어 버린다면 사람은 본래 궁한窮寒한 모습으로 돌아가고 나그네의 신세가 되어 버린다. 이와 같이 청정한 법성法性에는 아인我人의 상相이 원래 없으나 무명無明으로 인하여 아인상我人相을 일으키니 높고 낮음의 집정執情이 생기게 되고 도는 멀어지고 삼독심三毒心[69]만이 친하게 된다.

이러한 이치를 알고 반야지般若智를 깨달으면 옛날에 덧없이 법상法相을 일으켰던 곳을 고쳐서 일체법에 아我가 없음을 알게 되는 것이다.

왜냐하면 수보리야 모든 보살은 복덕을 받지 않기 때문이니라.
수보리가 부처님께 여쭈어 말하되 세존이시여 어떻게 보살이 복덕을 받지 않는다고 하겠습니까?
수보리야 보살이 지은바 복덕은 응당 탐착하는 것이 아니기 때문에 이런 까닭으로 복덕을 받지 않는다고 얘기하는 것이니라.

---

69 삼독심三毒心 : 중생의 마음을 어둡게 하는 근본무명根本無明. 즉 탐심貪心 · 진심瞋心 · 치심癡心으로서 이를 멀리하여야 사상四相의 집정執情을 버리게 된다.

何以故 須菩提 以諸菩薩 不受福德故

須菩提 白佛言 世尊 云何菩薩 不受福德

須菩提 菩薩 所作福德 不應貪着 是故 說不受福德

하이고 수보리 이제보살 불수복덕고

수보리 백불언 세존 운하보살 불수복덕

수보리 보살 소작복덕 불응탐착 시고 설불수복덕

裙無腰 袴無口
군무요 고무구

치마는 허리 없고

바지는 입이 없네

　　치마 옷은 허리가 없고 바지 옷은 입이 없다고 하였으니 없다고 하는 것은 일반이다. 이와 같이 보살이 복덕을 받지 않는 것이 탐착하는 마음이 없기 때문이니 복덕을 받지 않는 마음이나 탐착하지 않는 마음이 일반이 된다는 뜻이다. 설법의 차이는 분명 있지만 진리에는 이러한 설법에 차이가 없다.

似水如雲一夢身 不知此外更何親
사수여운일몽신 부지차외갱하친

箇中不許容他物 分付黃梅路上人
개중불허용타물 분부황매로상인

물과 같고 구름 같은

한 꿈속 몸이여

알 수 없네 이것 밖에

다시 어떠한 것이 친한 것인가?

그 속에 타물他物이 용납하는 것

허락되지 않나니

황매로상 사람에게

분부해야 할까.

  꿈속의 한 몸은 물과 같이 무정하여 곳에 따라 모나기도 하고 원만하기도 하다. 또한, 구름과 같이 무심하여 펴고 구부리는 것이 자유로운 것이니 이 밖에 무엇이 있어 친하다 하겠는가.
  생활 속에 움직이는 몸과 마음이 둘이 아닌 뜻을 알 수 있으면 따로 해탈解脫을 구하지 않아도 되리라. 일찍이 사조四祖 도신선사道信禪師가 오조五祖 홍인弘忍, 黃梅路上人[70]에게 분부한 것도 이런 이치를 벗어남이 없다.
  다시 말해서 부처님은 복덕을 짓되 복덕을 받지 아니하고 중생에

---

70 오조 홍인五祖弘忍, 601~675은 중국 선종의 5조로서 호북성湖北省 황매산黃梅山에 오래도록 살았음. 사조四祖 도신道信에게 법을 받음.

게 되돌려 주는 마음이 있다. 이것은 복덕에 탐착하지 않는 마음이므로 옛 선사들 간에 주고받는 복덕도 어디까지나 믿음의 표시일 뿐 깨달음의 본분사本分事에는 왕래가 없고 친소가 본래 없는 마음이다.

29

威儀寂靜分
위의적정분

부처님의 위엄과 의례는
화려함에 있지 않고
언제나 한적하고
고요함에 있다

수보리야 만약 어떤 사람이 말하기를 여래가 오고 가고 앉고 눕는 것이라고 한다면 이런 사람은 내가 설한바 뜻을 알지 못하는 것이니라.
왜냐하면, 여래는 쫓아온 바가 없으며 또한 가는 바도 없으므로 이름하여 여래라고 할 뿐이니라.

須菩提 若有人 言如來 若來 若去 若坐 若臥 是人 不解我 所說義 何以故 如來者 無所從來 亦無所去 故名如來
수보리 약유인 언여래 약래 약거 약좌 약와 시인 불해아 소설의 하이고 여래자 무소종래 역무소거 고명여래

山門頭合掌 佛殿裏燒香
산문두합장 불전이소향

산문 앞에 합장하고
불전 속에 향 사르네

여래는 오고 가고 앉고 눕는 것이 아니라고 한다면 어디에서 여래를 찾아야 한단 말인가.
　부처님은 중생이 거래去來에 집착을 일으킬까 염려하여 이름이 여래라고 했다. 그러나 야부 스님은 더 자세히 말씀하고 있다.
　여래는 먼 곳에 있는 것이 아니라 산사山寺를 찾아 예를 올리고 불

전에 향불 올리는 마음이 곧 여래라고 했다. 부처님의 설법은 언제나 우리의 생활 속에 가득함을 깨달아야 한다.

衲捲秋雲去復來 幾廻南岳[71]與天台[72]
납권추운거복래 기회남악 여천태

寒山[73]拾得[74]相逢笑
한산 습득 상봉소

且道 笑箇甚麽
차도 소개심마

笑道同行步不擡
소도동행보부대

누더기 옷이여

가을 구름 가고 다시 오듯

몇 번이나 남악과 천태를

돌아다녔던가?

---

71 남악南岳은 회양懷讓 577~744 스님이 남악산 반야사에 오래 머물렀던 관계로 붙여진 호. 6조 혜능의 법을 이음.

72 천태天台 지의智顗 533~597 스님이 중국 절강성 천태산에 오래도록 머물렀던 관계로 붙여진 호. 남악 혜사南岳慧思에게 법을 받아 크게 홍포하였음.

73 한산寒山: 생몰연대는 자세히 알 수 없으나 AD766~779년경에 천태산에 은거하면서 생활하였다고 함.

74 습득拾得: 당나라 시대의 사람으로서 천태산 국청사에서 한산寒山·풍간豊干과 더불어 숨어 살았던 삼은三隱의 한 사람.

> 한산과 습득은
> 만나면 웃었으니
> 일러라 웃음이 무엇인가?
> 웃으면서 가는 길 함께 걷건만
> 발자국 들어 옮기지 않았네

 일찍이 여래는 쫓아온 바도 없고, 간 바도 없다고 하였으니 거래가 분명한 수행자의 마음은 어떤 것인가.
 가을 구름이 걷혔다가 다시 오는 것처럼 무심한 것이다. 여래의 거래도 이런 것을 말하는 것이다.
 한산과 습득이 만나면 웃음 짓는 것은 거래의 무심을 알기 때문이다. 그러므로 같이 걷는 것이 분명하지만, 일찍이 걸음이 옮겨진 일이 없는 것이다. 수많은 선지식을 찾아 돌아다닌 발자취는 무심한 구름과 같을 뿐 본래 거래를 밟아가는 것이 아니다. 이것이 부처님의 참법문임을 깨달아야 한다. 이러므로 여래가 육신 속에 있으나 참여래를 만나기 위해서는 수행을 통해서 육신을 조복받아야 한다.
 육신의 조복이 수행을 통해서 모든 집착이 끊어지고 무심한 천진상으로 변화될 때 참여래를 만나게 된다.

30

一合理相分
일합이상분

―――――――

법계는 언제나
하나의 상이
있을 뿐이다

수보리야 만약 선남자 선여인이 삼천대천세계를 부수어 티끌을 만
든다면 너의 뜻은 어떠한가, 이 티끌 뭉치가 차라리 많다고 하지
않겠는가?
심히 많습니다, 세존이시여.
왜냐하면, 만약 이 티끌 뭉치가 진실로 있다고 한다면 부처님께서
곧 이 티끌 뭉치라고 말씀하지 않았을 것입니다. 까닭이 무엇이냐
하면 부처님께서 티끌 뭉치라고 말씀하신 것은 곧 티끌 뭉치가 아
니며 이름이 티끌 뭉치일 뿐이기 때문입니다.

須菩提 若善男子 善女人 以三千大千世界 碎爲微塵 於意云何
是 微塵衆
寧爲多不 須菩提言 甚多 世尊
何以故 若是微塵衆 實有者 佛 卽不說是微塵衆
所以者何 佛說微塵衆 卽非微塵衆 是名微塵衆
수보리 약선남자 선여인 이삼천대천세계 쇄위미진 어의운하
시 미진중
영위다부 수보리언 심다 세존
하이고 약시미진중 실유자 불 즉불설시미진중
소이자하 불설미진중 즉비미진중 시명미진중

若不入水 爭見長人
약불입수 쟁견장인

만약 물에 들어가지 않고
　　어찌 장인丈人을 보겠는가?

　수많은 세계가 있어 세계를 부수어 티끌을 만든다면 과연 많다고 해야 하겠는가.
　본래 티끌이 없고 세계가 없는 것이다. 그러나 티끌이 세계를 이루고 세계가 티끌이 되는 것은 어떻게 해야 하는가.
　세계는 모양이 있는 것이며 티끌은 모양이 없는 것이다. 보이고 보이지 않는 것은 세계와 티끌이 아니라 저마다의 마음 작용에 의해서 세계가 되고 티끌이 된다.
　그러므로 이름을 세계라 하고 티끌이라 하는 것이니 이름을 통해서 이름에 담긴 진정한 뜻을 알아야 한다. 부처님이 사바세계의 세파世波에 들어오시지 않았다면 우리는 진정 큰 어른이신 부처님을 만날 수 없었을 것이다. 부처님은 우리에게 티끌이 티끌이 아니며, 무명이 티끌일 뿐이며, 진리는 본래 하나임을 보이신 것이다.

　　一塵纔起翳磨空　碎抹三千數莫窮
　　일 진 재 기 예 마 공　쇄 말 삼 천 수 막 궁
　　野老不能收拾得　任教隨雨又隨風
　　야 로 불 능 수 습 득　임 교 수 우 우 수 풍

　　한 티끌이 일어나 장애하여

허공을 갈고
삼천을 부수어 수가
다함이 없네
야로野老도 능히 거두어
수습하지 못하니
빗줄기 따라
바람 부는 대로 맡길 뿐이네

　세계가 티끌이 되고 티끌이 세계가 되는 것은 끝이 없다. 이러한 변화 속에 변화하지 않는 진리를 누가 말하였는가. 비를 뿌리고 바람 부는데 무심을 배우면 생사부침生死浮沈 속에서 해탈解脫을 구하지 않아도 된다는 것이다.
　이런 이치를 깨달아가는 것은 화리火裏에 연꽃이 피는 것과 같아서 영원한 꽃향기를 발하는 것과 같은 것이다. 그러므로 야로野老인 야부 스님도 수습할 수 없음을 말하고 자연에 맡긴다고 하였으니 모두가 외경外境의 변화가 아니라 내면內面의 심성을 관찰할 때 진정한 세계와 티끌 먼지가 둘이 아님을 깨닫게 되는 것이다.

　세존이시여 여래께서 말씀하신 삼천대천세계는 곧 세계가 아니며 이름이 세계일 뿐입니다.
　왜냐하면, 저 세계가 실로 있다고 하면 그것은 일합상一合相이라 하는 것이지만 여래께서 말씀하신 일합상은 일합상이 아니며 이름이 일합상이기 때문입니다.

수보리야 일합상은 바로 가히 말할 수 없지만 다만 범부라는 사람들이 그 일에 탐착할 뿐이니라.

世尊 如來所說 三千大千世界 卽非世界 是名世界
何以故 若世界 實有者 卽是一合相 如來說 一合相 卽非一合相 是名一合相
須菩提 一合相者 卽是不可說 但凡夫之人 貪着其事
세존 여래소설 삼천대천세계 즉비세계 시명세계
하이고 약세계 실유자 즉시일합상 여래설 일합상 즉비일합상 시명일합상
수보리 일합상자 즉시불가설 단범부지인 탐착기사

捏聚放開 兵隨印轉
날 취 방 개 병 수 인 전

잡아 모으고 놓아 여는 것이여
병졸은 인印을 따라 움직이네

중생을 교화敎化하기 위해 삼천대천세계를 열어 보이셨지만, 그 일에 집착을 낼까 염려하여 진리의 체성體性을 일합상이라고도 말씀하셨다.

따라서 부처님의 말씀은 때로는 잡아 모으고 때로는 놓아 열어 보이시니 팔만사천법문이 이러한 이치를 벗어남이 없다.

수방收放이 자유로운 것은 살활殺活이 자재한 것이니 이러한 이치는 전쟁터에 나아감에 병졸이 도장이 찍힌 깃대를 따라 움직이는 것 같아서 조금도 흐트러짐이 없는 것이다.

渾淪成兩片 擊破却團圓
혼륜성양편 격파각단원

細嚼莫咬破 方知滋味全
세작막교파 방지자미전

한 덩이를 흔들어 두 쪽을 만들고
그것을 부숴 도리어 둥글게 하니
가늘게 씹어 뜯을지언정 물어뜯지 않아야
바야흐로 맛이 온전함을 안다네

부처님의 교화의 방편은 참으로 다양하다. 법체의 한 덩이를 둘로 나누어도 나누어진 그 모습 하나하나가 법성의 원만 구족한 모습을 벗어나지 않는다.

그러므로 부처님의 무궁한 방편설화方便說話도 자세하고 깊이 있게 살펴보지 않으면 그 뜻을 헤아리기가 어려운 것이다. 마치 오래도록 입안에 씹는 자는 그 음식의 맛을 온전히 알 수 있는 것과 같은 것이다.

지혜는 육신 속에 담겨져 있으므로 각자가 열심히 지혜의 빛을 발휘해야 한다.

31
知見不生分
지견불생분

부처님의 법에는
안다는 소견을
내어서는 안 된다

수보리야 만약 사람이 말하기를 부처가 아견 인견 중생견 수자견을 설했다 하면,

수보리야 너의 뜻은 어떠한가. 이 사람이 내가 말한바 뜻을 알았다고 하겠는가?

그렇지 않습니다, 세존이시여. 이 사람은 여래가 말씀하신 뜻을 알지 못한 것입니다.

왜냐하면, 세존께서 아견·인견·중생견·수자견을 말씀하신 것은 곧 아견·인견·중생견·수자견이 아니며 이름이 아견·인견·중생견·수자견일 뿐입니다.

수보리야 아뇩다라삼먁삼보리심을 발한 이는 일체법에 응당 이와 같이 알고 이와 같이 보고 이와 같이 믿어 알아야 하며 법상을 내지 않아야 하나니라.

수보리야 말한바 법상法相이란 여래가 곧 법상이 아니라 하며 이름이 법상일 뿐이니라.

須菩提 若人 言佛說 我見 人見 衆生見 壽者見

須菩提 於意云何 是人 解我所說義不

不也 世尊 是人 不解如來所說義

何以故 世尊說 我見人見衆生見壽者見 卽非 我見人見衆生見壽者見 是名 我見人見衆生見壽者見

須菩提 發阿耨多羅三藐三菩提心者 於一切法 應如是知 如是見 如是信解 不生法相

須菩提 所言法相者 如來說 卽非法相 是名法相

수보리 약인 언불설 아견 인견 중생견 수자견

수보리 어의운하 시인 해아소설의부

불야 세존 시인 불해여래소설의

하이고 세존설 아견인견중생견수자견 즉비 아견인

견중생견수자견 시명 아견인견중생견수자견

수보리 발아뇩다라삼먁삼보리심자 어일체법 응여시지 여시견 여시신해

불생법상

수보리 소언법상자 여래설 즉비법상 시명법상

飯來開口 睡來合眼
반래개구 수래합안

밥이 오면 입을 열고

잠이 오면 눈을 감네

    움직이며 생활하는 가운데 앉고 눕는 작용의 마음을 각지覺知하면 이것이 법상法相일 뿐 따로 법상을 찾을 필요가 없는 것이다.

    그러므로 부처님께서 중생을 위하여 대교大敎의 그물을 펼쳤지만 한 중생도 제도하고 제도 받은 자가 없다고 하지 않았는가.

    이것은 법상의 자리에는 부처와 중생이 한 덩어리일 뿐이기 때문이다. 따라서 밥을 보면 입이 열리고 잠이 오면 눈을 감는 무심한 마

음의 작용을 놓치지 않는 것이 도인의 삶이다. 이러한 도인의 삶 자체가 법상인데 따로 법상을 말하지 않는다.

> 千尺絲綸直下垂 一波纔動萬波隨
> 천척사륜직하수 일파자동만파수
>
> 夜靜水寒魚不食 滿船空載月明歸
> 야정수한어불식 만선공재월명귀

> 천자 길이 낚싯줄을
> 바로 아래 드리우고
> 한 파도가 움직이면
> 일만 파도가 따르네
> 밤이 고요하니 물마저 차가워
> 고기 물지 않으니
> 배에 가득히 허공의 밝은 달만
> 싣고 돌아가네

불성佛性이 중생의 오온五蘊 속에 있으니 부처님께서 자비의 방편문을 열어 보이셨고 무진법문無盡法門이 이로부터 나온 것이다.

마치 심심深深한 바닷속에 고기를 건지기 위해 낚싯줄을 드리운 것과 같은 것이다.

또한, 무명의 장야長夜가 고요해지고 심수心水가 본래 청정한 줄 알게 되면 마치 밤이 깊어 물이 차가워 고기가 물지 않는 것과 같은 것이다.

따라서 청정한 묘각성妙覺性은 부처님의 대비의 방편문方便門을 받지 않는다.

중생이 이와 같이 깨달으면 부처도 주세住世의 필요성을 느끼지 않는다. 마치 어부가 배에 가득히 허공의 밝은 달을 싣고 돌아가듯 본래 흔적이 없고 거래가 없는 것이다. 그러나 중생은 부처님의 가르침이 있어야 깨달을 수 있다는 생각을 버리지 못한다.

32

應化非眞分

응화비진분

중생의 마음에
응하는 몸이나
천백억의 화신도
참몸이 아님을
밝히다

수보리야 만약 어떤 사람이 한량없는 아승지세계에 가득한 칠보를 가지고 써서 보시하더라도 만약 선남자 선여인이 있어 보살심을 발한 이가 이 경을 가지고 내지 사구게를 받아 가져 읽고 외우면서 다른 사람을 위하여 연설해 주면 그 복이 저 칠보를 보시한 복보다 수승하리라.
그렇다면 어떻게 다른 사람을 위하여 연설해 주겠는가.

須菩提 若有人 以滿無量阿僧祇世界七寶 持用布施 若有 善男子 善女人 發菩薩心者 持於此經 乃至四句偈等 受持讀誦 爲人演說 其福勝彼 云何爲人演說

수보리 약유인 이만무량아승지세계칠보 지용보시 약유 선남자 선여인 발보살심자 지어차경 내지사구게등 수지독송 위인연설 기복승피 운하위인연설

要說有甚難
요설유심난

卽今更請 諦聽諦聽
즉금갱청 제청제청

요긴한 말씀은 심히 어려움이 있네
이제 다시 청하노니
자세히 듣고 자세히 듣게나

금강경 속에 있는 사구四句의 뜻을 설명하는 데는 결코 어려운 것이 없다.

그러나 사구 속에 뜻을 관취해 내는 데는 말로써 설명하기에는 어려움이 따른다.

따라서 야부 스님은 자세히 듣고 자세히 듣기를 간절히 요청하고 있다.

行住坐臥 是非人我
행주좌와 시비인아

忽喜忽嗔 不離這箇
홀희홀진 불리저개

祇這箇 驀面唾
지저개 먹면타

平生肝膽一時傾 四句妙門都說破
평생간담일시경 사구묘문도설파

다니고 안주하고 앉고 누우며

옳다 그르다 너와 나라 함이여

문득 기뻐하고 문득 성질 내는 것이

이것을 여의지 않으나

다만 '이것'이라 하면

문득 얼굴에 침 뱉는 격이라네

평생토록 간담을

일시에 기울이나니

사구四句의 묘문妙門을

모두 설파하셨네

일상생활 속에서 행주좌와行住坐臥하고 시비하고 성 낼 줄 알고 기뻐할 줄 아는 '이것'이라는 것은 누구의 사력思力에 의하여 있는 것인가.

부처님께서 사구게를 이끌어 와서 중생을 위한 방편문을 열어 보이신 것은 평생의 원력이며 그 힘도 '이것'이란 주인의 작용을 벗어남이 없다는 것이다.

이처럼 부처님께서 사구게를 설하신 공덕은 출입의 자재를 나툰 것으로서 마치 넓은 바다에 온갖 강물이 모여드는 것 같으며 한 덩이 뜨거운 불이 주위를 넓게 태워 나아가는 것과 같은 것이다. 이것이 방편묘문方便妙門이며 중생을 위한 연설이다.

모양을 취하지 않고 여여하고 부동한 것이니라

不取於相 如如不動

불취어상 여여부동

둥근 원 속에 삼점三點을 찍은 것도 원만구족圓滿具足한 법성의 마음 심자心字를 상징한 점이 된다.

　삼즉일三卽一 일즉삼一卽三의 뜻이기도 하며 불일불이不一不異의 뜻도 되며 비전비후非前非後의 의미를 갖고 있다.
　다시 말해서 사대오온四大五蘊으로 구성된 마음은 공무空無한 것으로 아공我空이라 하고 실체 없는 아我가 있다고 주장하므로 상대적인 물체를 분별하게 된다. 따라서 법공法空이라 하는 것은 아我를 상대한 물질적인 법체도 역시 실체가 없으므로 법공이라 하며 주관적인 아我와 객관적인 법체도 본래 실체가 없는 것으로 생각하는 것을 구공俱空이라 하며 이를 삼공지심三空之心이라 한다.
　지금까지 부처님께서 수보리에게 자세한 말씀을 하시는 마음은 상相을 취한 마음이 아니라 여여하여 부동한 마음이라고 하였으니 야부 스님은 이를 원이삼점圓伊三點으로 표현한 것이다.
　삼점三點은 끊어지지 않는 영원성을 강조한 것이며 만상삼라의 천차만별이 이 삼점을 벗어날 수 없음을 표현하고 있다.

末後一句 始到牢關
말후일구 시도뇌관

直得三世諸佛 四目相觀
직득삼세제불 사목상관

六代祖師 退身有分
육대조사 퇴신유분

可謂是江河徹凍 水泄不通
가위시강하철동 수설불통

極目荊棘 難爲措足
극목형극 난위조족

말후의 일구 一句 비로소 뇌관牢關에 이르니

바로 삼세제불이 네 눈으로 보며

6대 조사가 퇴신退身할 분分이 있으니

가히 이 강하江河가 철저히 얼어붙어 물이 샐래야 통하지 아니하고

눈에 가시가 다하여 발붙이기가 어렵다고 이를 만하네.

到這裏添
도저리첨

一絲毫 如眼中着棘
일사호 여안중착극

減一絲毫 似肉上剜瘡
감일사호 사육상완창

非爲坐斷要津
비위좌단요진

盖爲識法者恐
개위식법자공

雖然恁麽 佛法只如此
수연임마 불법지여차

便見陸地平沈 豈有燈燈續焰
편견육지평침 기유등등속염

이 속에 이르러서는

한 실 끝만 더하여도 눈에 가시가 붙은 것 같고

한 실 끝만 덜해도 살 위에 부스럼이 난 것 같으니

앉아 요진要津을 끊지 못하고

대개 법을 아는 자의 두려움이 되는 것이다.

비록 그렇지만 불법이 다만 이와 같다고 하면

문득 육지가 평심平沈한 것을 보게 될 것이니

어찌 등불이 등불을 계속해서 불붙이는 것이 있겠는가?

川上座 今日 不免向猛虎口中奪食
천상좌 금일 불면향맹호구중탈식

獰龍頷下穿珠 豁開先聖 妙門
영용함하천주 활개선성 묘문

後學 進身有路 放開一線 又且何妨
후학 퇴신유로 방개일선 우차하방

천상좌川上座 야부 스님이

오늘에 사나운 범의 입속에 밥을 빼앗고

악한 용의 턱 아래 구슬을

꿰뚫는 것을 면하지 못할 것이다.

선성先聖의 묘문妙門을 활짝 열어

후학들이 나아갈 길이 있게 하여

일선一線을 개방하는 것이

또 무슨 방해로움이 되겠는가.

語則全彰法體 默則獨露眞常
어즉전창법체 묵즉독로진상

動則隻鶴片雲 靜則安山列嶽
동즉척학편운 정즉안산열악

擧一步 如象王回顧 退一步 若獅子嚬呻
거일보 여상왕회고 퇴일보 약사자빈신

法王法令 當行 便能於法 自在
법왕법령 당행 편능어법 자재

祗如末後一句 又作麼生道 還委悉麼
지여말후일구 우작마생도 환위실마

雲在嶺頭閑不徹 水流澗下大忙生
운재영두한불철 수류간하대망생

말하면 법체가 온전히 나타나고

묵언하면 진상이 홀로 나타나다.

움직이면 외다리 학과 조각구름이며

고요하면 편안한 산과 나열된 산악이다.

한걸음 들면 코끼리가 돌아보는 것 같고

한 걸음 물러서면 사자가 소리치는 것 같으니

법왕의 법령을 마땅히 실천하면

문득 능히 법에 자재할 것이다.

다만 저 말후의 일구를 또 무엇이라 이를 것인가?

도리어 알았다 하겠는가?
구름은 산꼭대기에 있어
한가로이 흩어지지 않고
물은 시내 아래로 흐르니
너무 바쁘게 움직이네.

금강경 첫 번째 법회인유분法會因由分에서 부처님이 제자들을 거느리고 걸식하여 밥을 드시고 발을 씻고 자리를 펴고 고요히 앉은 모습과 이제 마지막 부처님께서 "내가 지금까지 말 한 것은 상相을 취하지 않았다"라고 하시며 여여하고 부동하다 하신 뜻을 무엇이라 말해야 하겠는가.

야부 스님은 이것을 말후일구末後一句라고 하면서 이 일구의 변할 수 없는 문제에 이르러서 모든 제불이 눈을 뜨고 또렷이 보며 6대 조사가 몸을 움직여 물러날 수 있는 기회가 된다고 하였다.

이것을 비유하면 강물이 꽁꽁 얼어붙어서 물이 흐르려 해도 흐르지 못하고 눈에 가시가 붙어 발을 움직이기가 어려운 것이 된다고 했다.

참으로 언설로써 설명할 수 없으며 오로지 각자가 부처님의 정좌하신 첫모습과 마지막에 여여하고 부동한 모습을 헤아려서 알 뿐이다.

이러한 경계에 다다라서 실 끝만큼이라도 더한다는 생각은 오히려 안중眼中에 가시가 붙는 것이며 실 끝만큼도 덜한다는 생각도 몸에 부스럼이 생기는 것과 같은 것이 된다고 한다.

이런 생각을 가지게 되는 것은 금강경의 요긴한 뜻을 아는 것이 아니라 오히려 '안다'고 하는 이들에게 두려움을 더하기도 할 것이다.

그렇다고 무엇이라 생각하고 말할 것인가.

불법을 이와 같이 표현할 수 없는 것이라고 한다면 마치 평원 대륙을 보는 것 같아서 법과 법을 이어서 밝힌다고 말할 필요가 없을 것이다.

이렇게 말하는 나야부 자신도 무서운 호랑이의 입속에 밥을 빼앗으려는 것 같고 모진 용의 턱 밑에 구슬을 뚫어내려는 위험한 경계를 면할 수 없을 뿐만 아니라 먼저 깨달은 성인들의 미묘한 가르침의 문을 열어서 후학들이 나아가 닦아 갈 길을 만들어 주지 못하는 것이 될 것이다. 그러므로 말후일구末後一句라고 표현한 말이 방해롭다고만 말하지 못한다.

언설은 법체를 드러내는 수단이며 언설이 없는 표현은 참모습을 드러내는 것이며 생각을 움직이는 것은 학이 날고 조각구름이 떠도는 것 같아 실체는 없으나 무심을 표현하는 수단이 되는 것이며 고요한 모습은 편안한 산이 질서정연하게 나열되는 듯하고 한 걸음을 들어 옮기는 것이 큰 코끼리가 돌아보는 듯 위엄이 있고 한 걸음을 물러서는 모습은 사자가 소리를 치는 듯한 것이니 부처님께서 중생을 위하여 이렇듯 다양한 표현法令들을 하나도 빠짐없이 실천궁행해야 한다는 것이다. 이러한 마음을 가지고 있는 사람은 어떠한 법에도 자재로워 한 가지 모양에 집착을 내지 않게 된다.

이처럼 여러 가지의 설명도 결정적인 마음을 설명하는 수단일 뿐 그 자체를 드러내는 것은 아니다. 그렇다면 또 무엇이라 하겠는가. 도리어 알았다고 하겠는가. 야부 스님은 이러한 즉답은 하지 않고 또한 예를 들어 표현하고 있다.

구름은 산봉우리에 있어 한가롭게 움직이지 않으나 냇가의 흐르는 물은 바쁘게 움직인다고 하였다. 한가한 모습과 바쁜 모습이 어디에 있는가. 내 마음이 바쁘고 한가한가? 물과 구름이 바쁘고 한가한가? 모두가 스스로 관조하여야 실상의 참지혜가 빛을 드러내게 된다.

得優遊處且優遊 雲自高飛水自流
득우유처차우유 운자고비수자류

祇見黑風翻大浪 未聞沈却釣魚舟
지견흑풍번대랑 미문침각조어주

넉넉하게 놀이하는 곳을 얻고

또 여유롭게 놀이하니

구름은 스스로 높이 날고

물은 스스로 흐른다네

다만 흑풍이 큰 파도를

뒤집는 것을 보고

고기 낚는 배가 뒤집힌다는

소리를 듣지 못했네

상相을 취하지 않는 마음으로 살아가는 것은 모든 것이 넉넉하고 여유롭고 한가로운 것이다. 마치 무심한 구름이 높이 떠도는 것 같고 물이 무심히 흐르는 것 같다.

　보라, 무서운 바람이 불어와 파도가 크게 일렁인다고 물결을 타고 고기를 낚는 배가 쉽게 뒤집힌다고 하겠는가. 자연의 이치는 무심한 것이므로 삶의 지혜도 이런 것을 말하며 관조觀照하는 반야를 여여부동심如如不動心이라는 것을 알아야 한다.

　왜냐하면
　일체의 유한한 법은
　꿈과 허깨비 물거품 그림자 같네
　이슬 같고 번개 같나니
　응당 이와 같은 관념을 지을지니라.

　何以故
　一切有爲法 如夢幻泡影
　如露亦如電 應作如是觀
　하이고
　일체유위법 여몽환포영
　여로역여전 응작여시관

　行船 盡在把梢人
　행선　진재파초인

배를 움직이는 것은

다 노를 잡는 사람에게 있다네

　배를 타고 노를 젓는 사람은 배를 동쪽으로 움직이려면 노를 동쪽으로 젓고 서쪽으로 움직이고 싶으면 서쪽으로 노를 젓는 것이다.
　이와 같이 반야지성般若之性을 얻어 세파世波에 살아가는 사람은 마치 배를 저어가는 사람과 같이 자유자재함이 있다. 시비분별是非分別이 모두 '아我'에 있으며 번뇌를 소탕掃蕩하는 것도 '아我'이며 만법을 건립하는 것도 '아我'인 것이다. 이러한 법아法我를 갖게 되면 일체의 모든 법이 유한성을 갖게 되어 마치 꿈과 허깨비와 물거품과 그림자와 같아서 실체가 없는 줄 알게 된다. 반야의 안목을 갖게 되면 진리의 아我가 법계의 아我가 되어 차별과 집착을 떠나게 되므로 여섯 가지 비유가 실체 없음을 깨닫게 되는 것이다.

水中捉月　鏡裏尋頭
수중착월　경리심두

刻舟求劍　騎牛覓牛
각주구검　기우멱우

空華陽餤　夢幻浮漚
공화양염　몽환부구

一筆句下　要休便休
일필구하　요휴편휴

巴歌杜酒村田樂 不風流處自風流
파가두주촌전락 불풍류처자풍류

물속 달을 건지고

거울 속에서 머리를 찾네

배를 뚫어 칼을 찾고

소를 타고 소를 찾네

허공의 아지랑이 햇살의 불꽃이여

꿈과 허깨비와 물거품이라네

한 붓으로 글귀를 지워

쉬기를 요하면 문득 쉬어야 하네

파가巴歌하고 두주杜酒하는

촌전村田의 풍악이여

풍류 아닌 곳에

스스로 풍류롭다네

    부처님께서 말씀하신 이 사구게는 대환법문大幻法門이라고도 하며 대환삼매大幻三昧라고도 한다.
    일체의 모든 법상은 환幻과 같이 실체가 없는 줄 알아야 한다. 실체가 없는 법상에 집착을 일으키는 것은 물속의 달을 건지는 것과 같고 거울 속에서 머리를 찾는 것과 같고 배를 타고 가면서 잃어버린 칼을 찾기 위해서 배 바닥에 구멍을 뚫는 것처럼 위험한 짓이며 소를 타고 가면서 소를 찾는 것과 같고 허공에 일렁이는 아지랑이와 햇살에 이글거리는 뜨거운 불꽃과 같은 것이다. 따라서 꿈과 허깨비와 떠도는 물거품에 지나지 않는 법상에 집착해서는 안 된다는 것이다.

이런 법상에 집착하지 않으면 앉고 눕는 것이 자재하여 시끄러운 노랫소리巴歌 제사 지내는 술杜酒이 어우러져 촌락의 풍악이 되는 것이 풍요로운 곳이 아니지만, 그곳이 풍류가 넘치는 자리가 된다. 부처님의 대환법문大幻法門을 이제까지 듣고 무엇을 얻었다고 해야 하겠는가.

대환삼매에 들어서 반야지를 용출勇出하면 두두頭頭가 무생락無生樂이 되어 천상천하가 불사佛事 아님이 없으며 만상삼라가 신통한 변화 아님이 없다.

종금이래從今以來로 깨달음의 이치에 도달한 성인들이 모두 이러한 경계를 벗어남이 없다.

부처님께서 이 경을 설하여 마치시니 장로 수보리와 모든 비구, 비구니, 우바새, 우바이 그리고 일체 세간의 천天과 인人과 아수라가 부처님의 설하신 바를 듣고서 모두 크게 환희하고 신수信受하고 봉행奉行하였다.

佛說是經已 長老須菩提 及諸比丘 比丘尼
優婆塞 優婆夷 一切世間 天人 阿修羅 聞佛所說 皆大歡喜 信受奉行
불설시경이 장로수보리 급제비구 비구니
우바새 우바이 일체세간 천인 아수라 문불소설 개대환희 신수봉행

三十年後 莫敎忘却老僧
삼십년후 막교망각노승

不知 誰是知恩者
부지 수시지은자

呵呵 將謂無人
하하 장위무인

삼십 년 후쯤 되어
하여금 노승老僧 야부를 잊지 말게나
알지 못할 일이네
누가 은혜를 아는 자라 하겠는가
하하!
장차 사람이 없다 이를 것이네

  오랜 세월이 흘러가서 내 야부가 지금까지 한 말을 잊지 말기를 당부하고 있다. 그것은 조건 있는 얘기가 아니기 때문에 결정된 뜻을 말할 수 없다. 그러므로 이유를 알 수는 없다.
  누군가 부처님께서 설해주신 자비의 말씀을 따라 실천하는 자만이 진정한 부처님의 은혜를 아는 자라 할 수 있을 것이다. 그러나 참으로 드러내지 않는 법상에 의지하여 말한다면 그 누구도 무어라 말할 수 없는 것이다. 하하!라고 웃음 지을 수밖에 없지 않겠는가.

飢得食 渴得漿 病得瘥 熱得凉
기득식 갈득장 병득차 열득량

貧人遇寶 孾兒見孃
빈인우보 영아견양

飄舟到岸 孤客歸鄉
표주도안 고객귀향

旱逢甘澤 國有忠良
한봉감택 국유충량

四夷拱手 八表來降
사이공수 팔표래항

頭頭總是 物物全彰
두두총시 물물전창

古今凡聖 地獄天堂
고금범성 지옥천당

東西南北 不用思量
동서남북 불용사량

刹塵沙界諸群品 盡入金剛大道場
찰진사계제군품 진입금강대도량

굶주리면 밥 먹고

목마르면 미음 마시고

병들면 차도를 얻고

더우면 서늘함을 얻는다네

가난한 사람 보배를 얻고

어린아이가 어머니를 본다네
떠도는 돛배가 강가에 이르고
외로운 나그네 고향 돌아가네
가뭄에 단비를 만나고
나라에 충량忠良이 있다네
사방 오랑캐가 손을 맞잡고
팔방의 표적들이 와서 항복하네
두두頭頭가 모두 이것이며
물물物物이 온전히 드러내는 것이라네
고금에 범부와 성인
지옥과 천당
동서와 남북을
생각하고 헤아리는 것을 쓰지 않나니
찰진사계剎塵沙界에
살아가는 모든 중생들이
모두 다
금강대도량에 들었다네

  일체법의 모양 속에 집착하지 않는 실상반야를 얻으면 굶주림에 밥을 얻은 듯하고 목마름에 미음 물을 얻은 듯하고 병들어 쾌차함을 얻은 듯하고 가난한 사람이 보배를 만난 듯하고 어린아이가 어미의 보살핌이 되는 것이다. 떠도는 돛배가 포구에 다다른 듯하고 외로운 나그네가 고향으로 돌아가는 듯하다.

또한, 부처님의 설법은 가뭄에 단비를 만나는 것 같고 나라에 충성어린 사람과 같고 사방의 적병들이 손을 마주 잡고 팔방의 표적들이 와서 항복하는 듯하다.

이런 마음으로 외경外境을 보면 저마다의 모습이 그대로일 뿐이며 그 형상이 본래 모습을 드러내는 것이다. 옛날이나 이제나 범부와 성인, 지옥, 천당, 동서남북을 사량하고 분별하지 않으니 그대로가 금강대도량이 되고 법계 유정 무정 중생들이 부처님의 무진법문을 듣게 되는 것이다. 이러므로

모래와 같이 많은 세계의
숱한 중생들이
모두 다 금강대도량에
들었다 하리라

이로써 금강경의 무진법문無盡法門을 모두 마치게 된다.

따라서 금강경 법문은 법계의 공함을 부정하는 것이 아니라 참다운 공이란 법계 속에 뭇생명이 저마다 자재한 관조반야의 안목을 가질 때 진정한 실상반야의 체성이 드러나게 된다는 것을 반복적으로 부처님과 수보리가 중생을 위해서 묻고 답하신 것이다.